Discurso sobre a origem
e os fundamentos
da desigualdade
entre os homens

O livro é a porta que se abre para a realização do homem.

Jair Lot Vieira

JEAN-JACQUES
ROUSSEAU

*Discurso sobre a origem
e os fundamentos
da desigualdade
entre os homens*

Tradução, introdução e notas
LAURENT DE SAES
Graduado em Direito pela USP
Mestre e Doutor em História Social pela USP

edipro

Copyright desta tradução © 2015 by Edipro Edições Profissionais Ltda.

Todos os direitos reservados. Nenhuma parte deste livro poderá ser reproduzida ou transmitida de qualquer forma ou por quaisquer meios, eletrônicos ou mecânicos, incluindo fotocópia, gravação ou qualquer sistema de armazenamento e recuperação de informações, sem permissão por escrito do editor.

Grafia conforme o novo Acordo Ortográfico da Língua Portuguesa.

1ª edição, 1ª reimpressão 2017

Editores: Jair Lot Vieira e Maíra Lot Vieira Micales
Produção editorial: Fernanda Rizzo Sanchez
Tradução, introdução e notas: Laurent de Saes
Revisão: Marina Silva Ruivo
Projeto gráfico e editoração eletrônica: Studio Mandragora
Arte da capa: Karine Moreto Massoca

Dados Internacionais de Catalogação na Publicação (CIP)
(Câmara Brasileira do Livro, SP, Brasil)

Rousseau, Jean-Jacques, 1712-1778.
  Discurso sobre a origem e os fundamentos da desigualdade entre os homens / Jean-Jacques Rousseau ; tradução, introdução e notas Laurent de Saes. – São Paulo : EDIPRO, 2015.

  Título original: Discours sur l'origine et les fondements de l'inégalité parmi les hommes.
  Bibliografia.
  ISBN 978-85-7283-910-5

  1. Filosofia francesa I. Saes, Laurent de. II. Título.

15-00369   CDD-194

Índice para catálogo sistemático:
1. Filosofia francesa 194

São Paulo: (11) 3107-4788 • Bauru: (14) 3234-4121
www.edipro.com.br • edipro@edipro.com.br
@editoraedipro   @editoraedipro

SUMÁRIO

Introdução 7

**Discurso sobre a origem e os fundamentos
da desigualdade entre os homens** 27

Dedicatória 29

Prefácio 43

Questão proposta pela Academia de Dijon 51

Sobre as notas 53

Primeira parte 59

Segunda parte 95

Notas do autor 133

INTRODUÇÃO

Em 1753, a Academia de Ciências, Artes e Belas Letras de Dijon, uma das muitas *sociétés savantes* surgidas na França do século XVIII, lançava uma nova pergunta para o seu tradicional concurso literário: *Qual é a origem da desigualdade entre os homens e será ela autorizada pela lei natural?* Proposta nesses termos, a questão inevitavelmente atrairia o interesse de Jean-Jacques Rousseau. Nascido em Genebra, cidade-estado calvinista, filho de um relojoeiro descendente de huguenotes franceses, Rousseau (1712-1778) vivia então em Paris, ao lado de Thérèse Levasseur, sua companheira desde 1745. Depois de uma vida marcada por ocupações erráticas e pensões devidas à solicitude de aristocratas e clérigos compassivos, Rousseau começava então a estabelecer-se como um pensador de renome.

Devia sua fama à Academia de Dijon, que, em 1749, havia formulado a seguinte questão: *Teria o progresso das ciências e das artes contribuído para corromper ou depurar os costumes?* A resposta de Rousseau veio na forma de um *Discurso sobre as ciências e as artes* (1750), e ele foi vencedor do prêmio oferecido pela sociedade. Encorajado por seu amigo, o filósofo e enciclopedista Diderot, Rousseau apresentou uma resposta provocativa, negando às ciências e às artes o papel purificador que lhes era comumente atribuído pelos letrados de seu tempo, denunciando o seu caráter corruptor. Anos depois, Rousseau qualificaria esse primeiro trabalho de "medíocre", mas foi ele que lhe proporcionou fama e abriu a via para seus escritos subsequentes.[1] Assim, três anos depois de ter sido premiado por seu primeiro Discurso, a Academia de Dijon voltava a oferecer ao genebrino a oportunidade de desenvolver suas ideias.

O contexto era de crise política e social. A monarquia de Luís XV vivia um momento particularmente tenso, em razão da sua decisão de instituir uma Câmara real para ocupar as funções do Parlamento de Paris, cujas competências e popularidade contrabalançavam o caráter absoluto do poder real. No plano social o quadro era de miséria e desordem públicas, com agitações populares em algumas regiões do país. A grande seca da primavera de 1754 agravaria ainda mais a situação, prejudicando o abastecimento de trigo e atiçando o descontentamento popular. O clima social era, portanto, de incerteza. A questão proposta pela Academia de Dijon, em 1753, parecia, assim, traduzir uma inquietação social mais ou menos generalizada. Era necessário, na ótica dos letrados, que a alta sociedade francesa fosse confrontada à questão da desigualdade entre os homens.[2]

Tão importante quanto identificar o contexto social é situar o segundo Discurso na trajetória pessoal de Rousseau. O sucesso do anterior não havia conduzido à ascensão social do filósofo, que parecia, ao contrário, decidido a frustrar o próprio êxito. Suas convicções levaram-no a recusar a riqueza e o sucesso que, finalmente, estavam ao seu alcance, mas que adquiriam, aos seus olhos, o aspecto de servidão contrária à liberdade que, como filósofo e indivíduo, esperava alcançar e preservar. Não hesitava em anunciar abertamente esse rompimento. Em carta à esposa

---

1. O'HAGAN, Timothy. *Rousseau*. Londres/Nova York: Routledge, 2003. p. 1-4.

2. LAUNAY, Michel. *Jean-Jacques Rousseau*: écrivain politique. Cannes/Grenoble: C.E.L./A.C.E.R., 1971. p. 177-8 e 201.

de seu antigo empregador, justificava-se por ter sido obrigado a deixar os filhos em um orfanato, afirmando que era o "estado dos ricos" que roubava o pão de seus filhos e que se recusava a sujeitar-se a um vil emprego para poder alimentá-los: "Não, senhora, é preferível que sejam órfãos a ter um patife como pai".[3] A partir de então procuraria formular, em seus textos, o que, para ele, era uma convicção íntima: a riqueza de uns poucos era responsável pela pobreza e a infelicidade da maioria dos homens. A ideia certamente não era nova, mas, no caso de Rousseau, sua posição não ficava restrita ao plano do discurso: ele, de fato, havia se demitido das suas funções de secretário e preceptor na Dupin de Francueil, importante financista e coletora de impostos.[4] Renunciaria também às pensões que, no passado, havia se resignado a aceitar, não suportando mais os laços de dependência resultantes da benemerência dos mais abastados, que apadrinhavam filósofos como ele. Rousseau escolhia uma vida de artesão, como copista de música, preferindo, como certa vez havia escrito ao seu pai, "uma obscura liberdade a uma escravidão brilhante".[5] Sua atitude denotava uma vontade convicta de conformar a sua vida às suas ideias, expondo a desigualdade da qual era uma das vítimas, o que levou alguns críticos a denunciar a teatralidade de suas atitudes. Sensível à miséria existente nos campos e nas cidades, entendia que as pessoas mais humildes se encontravam, em razão de seu estado, mais próximas da inocência natural. Mas, ao contrário do que se pensa, isso

---

3. Cf. Lettre à Mme de Francueil, 20 avril 1751. In: ROUSSEAU, Jean-Jacques. *Oeuvres complètes*. Paris: Hachette, 1865. v. 10, p. 64.

4. LAUNAY, Michel. Op. cit., p. 178-9.

5. Lettre à son père, 1732. In: ROUSSEAU, Jean-Jacques. *Oeuvres complètes*, v. 10, p. 3.

nunca o levou a um ódio de todos os ricos e a uma condenação absoluta da propriedade privada: filho de um honesto artesão, que lhe havia ensinado o respeito da propriedade e o valor do trabalho, Rousseau desejava apenas adquirir, na condição de artesão, o suficiente para viver de forma independente e, portanto, feliz.[6]

Iniciou-se, então, um período de grande atividade criativa para Rousseau, que o levou a produzir, entre outros textos, o *Discurso sobre a virtude do herói* (1751), a *Resposta ao rei da Polônia, duque da Lorena* (1751), a ópera *O adivinho da aldeia* (1752) e a peça *Narciso, ou o Amante de si mesmo* (1752). Foi, portanto, em meio a um período marcado ao mesmo tempo por uma intensa atividade literária e por um processo de despojamento material que Rousseau tomou conhecimento do novo concurso proposto pela Academia de Dijon. Pelo contexto e por sua situação pessoal, o assunto tinha tudo para atraí-lo.[7]

O tema da desigualdade não era novo para Rousseau. Em famoso trecho do prefácio de *Narciso*, já enunciava algumas das ideias centrais que norteariam a sua argumentação no Segundo Discurso:

> *Que estranha e funesta constituição é essa, em que as riquezas acumuladas facilitam sempre os meios de acumular outras maiores e em que é impossível àquele que nada possui adquirir alguma coisa, em que o homem de bem não dispõe de nenhum meio de deixar a*

---

6. LAUNAY, Michel. Op. cit., p. 181-4; STAROBINSKI, Jean. O discurso sobre a origem e os fundamentos da desigualdade. In: *Jean-Jacques Rousseau*: a transparência e o obstáculo; seguido de sete ensaios sobre Rousseau. São Paulo: Companhia das Letras, 1991. p. 289-90.

7. LAUNAY, Michel. Op. cit., p. 180.

*miséria, em que os mais patifes são os mais honrados
e em que é preciso necessariamente renunciar à virtude
para tornar-se um homem honesto!*[8]

Em resposta ao rei da Polônia, Rousseau havia dito que a fonte do mal era a desigualdade. Agora, era preciso recuar ainda mais no tempo e identificar, para esta, a verdadeira origem. Rousseau se afirmava definitivamente como escritor político.[9]

Para compor o novo discurso, Rousseau decidiu afastar-se da cidade, instalando-se na floresta de Saint-Germain, longe dos vícios e dos preconceitos que infestavam o espaço urbano. Buscava, na contemplação da natureza, a pureza necessária à rememoração das origens. O texto seria concluído em Chambéry, em 1754. Desta vez, interessava-lhe menos o conquistar o prêmio da Academia de Dijon do que notabilizar-se pela abrangência, solidez e contundência de sua argumentação. Queria retomar algumas ideias do primeiro Discurso, mas, agora, amparadas em evidências e rigor metodológico, segundo as regras da discussão filosófica. Como diz Starobinski, se o primeiro Discurso era um requisitório, o segundo seria uma investigação.[10]

O SEGUNDO DISCURSO

Em sua resposta à Academia de Dijon, Rousseau reformulou a questão originalmente proposta, substituindo a

---

8. ROUSSEAU, Jean-Jacques. Narcisse, ou l'Amant de lui-même. In: *Oeuvres complètes*. v. 4, p. 112.

9. LAUNAY, Michel. Op. cit., p. 181; STAROBINSKI, Jean. Op. cit., p. 288.

10. STAROBINSKI, Jean. Op. cit., p. 287-8 e 295.

palavra fonte por origem. O título de seu trabalho? *Discurso sobre a origem e os fundamentos da desigualdade entre os homens*.

Aparentemente, essa formulação implicava uma distinção entre fato (*a origem*) e direito (*os fundamentos*), mas o conteúdo da obra mostra que, para Rousseau, os dois níveis estavam imbricados. O problema político dos fundamentos é encarado em uma perspectiva histórica, na medida em que o pacto que gerou a sociedade civil a tornou, ao mesmo tempo, legítima. Derathé assinala que existe, entretanto, uma distinção, no pensamento de Rousseau, entre os motivos (fundamento psicológico) que levaram os homens a renunciar à sua liberdade natural para submeter-se a uma autoridade comum e o ato ou convenção (fundamento jurídico), que instituiu essa autoridade, tornando-a legítima. O objetivo de Rousseau era, portanto, percorrer o caminho que, da compreensão do ser humano e dos motivos que o levaram a unir-se a seus semelhantes, levava à compreensão do político.[11]

Segundo Starobinski, Rousseau fez com o *Discurso* aquilo que mais tarde receberia o nome de "Sociologia Histórica": para conhecer o homem moderno, procurou conhecer a sociedade que o criou e, para compreender essa sociedade, buscou desvendar a forma como se originou. Isso implicava remontar ao ponto hipotético em que os indivíduos, antes isolados, reuniam-se em grupos. É uma história que cobre "multidões de séculos", ao longo dos quais as relações do homem com a natureza e com o outro se transformaram gradual e profundamente, marcando a passagem do estado animal para o estado da razão.[12]

---

11. DERATHÉ, Robert. *Jean-Jacques Rousseau et la science politique de son temps*. 2. ed. Paris: Librairie philosophique J. Vrin, 2009. p. 172-4; MACHADO, Lourival Gomes. *Homem e sociedade na teoria política de Jean-Jacques Rousseau*. São Paulo: Livraria Martins Editora, 1968. p. 127-8.

12. STAROBINSKI, Jean. Op. cit., p. 297-8.

A estrutura do relato é dada pela oposição fundamental entre natureza (ponto de partida) e sociedade (ponto de chegada) e, sobretudo, entre os dois estados a elas correspondentes. Por sua vez, esses estados correspondem a dois tipos opostos de homem: o homem de natureza (ou selvagem) e o homem civil. É a transformação do primeiro no segundo que o *Discurso* descreve. Trata-se de uma história baseada menos nos acontecimentos do que no processo, longo e sem etapas nitidamente delimitáveis, por meio do qual o gênero humano, inicialmente alheio à história, tornou-se gradualmente um ser histórico.[13]

A história contada por Rousseau era assumidamente *hipotética* e *conjectural*. Não dispunha de todos os dados para identificar as causas da transformação e, por essa razão, procurou "afastar todos os fatos". Isso não significa que estivesse compondo uma obra de ficção. O filósofo buscou, ao contrário, constantemente evidenciar as suas afirmações, com base na argumentação, mas também por meio do recurso a outros filósofos e observadores. Procurou confirmação para as suas hipóteses no estudo do corpo humano e na comparação com o dos animais, no estudo dos diferentes povos e de seus costumes, assim como em exemplos extraídos da história. Se os relatos de viajantes, por exemplo, não lhe permitiam reconstituir um homem de natureza que não existia mais, as comunidades selvagens que descreviam não deixavam de apontar para um estágio anterior do gênero humano e, portanto, para as suas origens.[14]

Ao longo do *Discurso*, há um diálogo constante com filósofos, jurisconsultos, viajantes e naturalistas. Mas

---

13. STAROBINSKI, Jean. Op. cit., p. 296; TODOROV, Tzvetan. *Frêle bonheur. Essai sur Rousseau.* Paris: Hachette, 1985. p. 11.

14. STAROBINSKI, Jean. Op. cit., p. 296.

se Rousseau recorria a nomes como Pufendorf, Locke, Hobbes e Buffon, não era para reivindicar-se de suas ideias, mas para, em princípio, rejeitá-las e estabelecer um novo ponto de partida, supostamente purificado. Na sua investigação das origens, Rousseau também buscou evidências em si mesmo, sob a forma de lembranças de uma natureza ainda viva na sua subjetividade. A infância da humanidade, que procurava resgatar, também era a sua.[15]

Também procurou emancipar-se das tradicionais explicações puramente provindencialistas. Não há, no *Discurso*, contestação das Escrituras, mas Rousseau as deixou de lado, chegando a ironizar os que as utilizam como base para a reflexão filosófica sobre a passagem da igualdade edênica à desigualdade social. Buscou, ao contrário, desviar-se das definições religiosas do estado de origem, para basear sua reflexão na análise científica e na experimentação das ciências humanas. Em determinada passagem, lançava a pergunta que norteava a sua investigação: *Que experiências seriam necessárias para chegar-se a conhecer o homem natural e quais são os meios de realizar essas experiências no seio da sociedade?* Investigava as causas humanas e naturais para o desenvolvimento e a corrupção do homem, assim como para tudo o que a caracteriza: a linguagem, a união dos sexos, a moral, as leis, a propriedade e a sociedade. O desenvolvimento de todas essas coisas pressupunha faculdades inerentes ao homem, mas a sua realização não era necessária: eram potencialidades cuja concretização resultou de uma evolução a ser reconstruída. Não se deve concluir disso que Rousseau, filósofo e religioso, tenha excluído a divindade da história do homem; ao contrário, ela está presente em todo o texto,

---

15. STAROBINSKI, Jean. Op. cit., p. 294-7.

tendo criado o sistema da natureza e as regras segundo as quais funciona, e intervindo para fazer com que o homem deixasse o seu isolamento original. Como diz Launay, com o *Discurso*, Rousseau se revelava bastante solidário do deísmo dos Filósofos de seu tempo.[16] Para Starobinski, o *Discurso* constitui, em si mesmo, um ato religioso, substituindo a história santa por uma "versão laicizada" da origem. Ao mesmo tempo, afirma o autor, o esquema da teologia cristã se reproduz na obra como modelo estrutural que organiza a trajetória narrada por Rousseau, do "Éden" (estado de natureza) à "Queda" (estado social).[17]

O "ÉDEN": ESTADO DE NATUREZA

Na "história hipotética" descrita por Rousseau, o ponto de partida é o *estado puro de natureza*, isto é, o estado em que os homens estão antes da instituição das sociedades civis, um estado, avisa o autor, que "já não existe mais, que talvez nunca tenha existido, que provavelmente jamais existirá". Com essa frase, que ainda hoje causa perplexidade, Rousseau fazia do estado de natureza um postulado teórico, um pressuposto que era necessário caracterizar com detalhes e que podia ser evidenciado por meio da linguagem.[18]

Para reconstituir o homem no estado de natureza, Rousseau não se limitou a despojar o homem civil, procurando, ao contrário, resgatar o seu modo de vida específico.

---

16. LAUNAY, Michel. Op. cit., p. 204-5; STAROBINSKI, Jean. Op. cit., p. 299-300; DERATHÉ, Robert. Op. cit., p. 180.
17. STAROBINSKI, Jean. Op. cit., p. 295-6.
18. Ibid., p. 300.

Partiu da ideia de que o homem era, então, essencialmente um animal, cuja animalidade se expressava no seu isolamento primitivo: na origem, nada unia um indivíduo a outro, não havia necessidade nem desejo de comunicar-se e se vivia livre e independente. O mundo fornecia ao homem tudo o que desejava e seus desejos jamais ultrapassavam as suas necessidades. O homem selvagem bastava a si mesmo. Suas condutas eram determinadas por um instinto de conservação, o *amor de si*. Assim, a sua sociabilidade, longe de ser natural e mesmo previsível, tinha de ser provocada por fatores externos.[19]

Ao descrever o isolamento original do homem, Rousseau refutava a ideia, defendida por Hobbes, de sua maldade natural. As suas relações com os demais seres se caracterizavam, na verdade, pela ausência de moralidade. Rousseau falava até mesmo em uma bondade natural, resultante do sentimento de *piedade*, única virtude inata do homem, que o levava a identificar-se com o animal sofredor. Do amor de si e da piedade decorriam todas as regras do direito natural. Mas, como assinala Todorov, a bondade no estado de natureza possuía um caráter singular e até mesmo paradoxal, na medida em que se manifestava em um mundo que ainda ignorava a distinção entre o bem e o mal. Assim, o homem não era "intencionalmente bom"; era bom de um ponto de vista externo: o do homem racional.[20]

---

19. LAUNAY, Michel. Op. cit., 206; STAROBINSKI, Jean. Op. cit., p. 298-9; DERATHÉ, Robert. Op. cit., p. 178; KREMIER-MARIETTI, Angèle. Droit naturel et l'état de nature chez Rousseau. In: *Jean-Jacques Rousseau et la crise contemporaine de la conscience*. Paris: Beaudresne, 1980. p. 182.

20. TODOROV, Tzvetan. Op. cit., p. 13; LAUNAY, Michel. Op. cit., p. 210; KREMIER-MARIETTI, Angèle. Op. cit., p. 188-90.

Fundamentalmente, um único traço distanciava o homem dos outros animais: a sua *perfectibilidade*, isto é, a faculdade de aperfeiçoar-se: é ela que permitiria explicar o desenvolvimento e as qualidades adquiridas pelo homem ao longo de sua evolução, mas também os seus defeitos e os seus malogros, razão pela qual, dentre todas as espécies, "somente o homem está sujeito a tornar-se imbecil".[21]

A "QUEDA": O ESTADO SOCIAL

Rousseau atribuía a transformação do homem natural em homem civil, imprevisível no estado de natureza, a "acasos", ou seja, acidentes da natureza que poderiam perfeitamente não ter acontecido. O detonador da mudança não veio, portanto, de dentro, mas de fora, talvez por intervenção divina. As variações do clima e a esterilidade de certas terras fizeram com que o homem deixasse de bastar a si mesmo; a natureza já não lhe dava tudo de que necessitava. Instigado por "esses concursos singulares e fortuitos de circunstâncias", o homem ocioso tomava consciência de que devia conquistar aquilo de que precisava e logo descobria que podia superar o obstáculo com esforço. Ocasionalmente, associava-se a outros homens em um esforço comum, e dessa aproximação se originava a consciência da diferença: o trabalho conduzia cada homem a comparar-se ao outro, fazendo com que desenvolvesse a sua razão, até então uma faculdade virtual. Aos poucos, o homem adquiria poder sobre o mundo à sua volta, mas deixava de viver em relação imediata com ele. À medida que

---

21. LAUNAY, Michel. Op. cit., p. 206-7.

a ferramenta se interpunha entre ele e o mundo, o homem deixava a condição animal.[22]

Ao deixar o seu isolamento e desenvolver a razão, o homem descobria o bem e o mal, ou seja, abandonava a amoralidade natural e se tornava, finalmente, um ser moral. Alienando-se à sua consciência, deixava de viver em si mesmo e passava a viver para a opinião e o olhar dos outros. O *amor de si*, sentimento natural que o homem tinha em comum com os outros animais, dava lugar ao *amor-próprio*, sentimento que lhe era característico e que o levava a situar-se em relação aos outros, preferindo-se a todos. Tal sentimento conduziu-o ao ódio dos outros e ao descontentamento de si, fonte de todos os vícios. Desse processo resultou a maldade humana. O progresso intelectual produziria, como diz Starobinski, uma "dissimetria crescente entre o desejo e os objetos", fonte de paixões e conflitos entre os homens.[23]

Mas Rousseau identificava etapas intermediárias nesse longo processo de depravação. A edificação dos primeiros abrigos e o agrupamento das famílias em aldeias marcaram uma primeira revolução, dando início a uma era patriarcal (a "sociedade nascente") que Rousseau via como "a época mais feliz e a mais duradoura" da humanidade, a sua era de Ouro. Os relatos dos viajantes sobre as comunidades selvagens ainda existentes no mundo eram indicativos de que teria sido possível permanecer nesse estágio. Uma nova queda veio, entretanto, derrubar essa felicidade: um "acaso funesto" levou à descoberta da divisão do trabalho

---

22. STAROBINSKI, Jean. Op. cit., p. 301-5; DERATHÉ, Robert. Op. cit., p. 178-80; LAUNAY, Michel. Op. cit., p. 209.

23. STAROBINSKI, Jean. Op. cit., p. 299 e 302-3; TODOROV, Tzvetan. Op. cit., p. 14.

e logo surgiram a agricultura e a metalurgia, inaugurando uma economia de produção. Os homens passaram a produzir além da necessidade, assim teve início uma incessante disputa pelo supérfluo, não para consumir, mas para possuir. Cada vez mais o homem se via determinado por sua dependência em relação aos outros e sua comunicação com eles. Os menos hábeis e menos violentos logo se viram excluídos e condenados à pobreza. Surgia, assim, "o mais horrível estado de guerra" e, com ele, a necessidade de uma ordem capaz de garantir a segurança. Celebrou-se, então, um pacto, por meio do qual o rico, desejando consolidar as suas vantagens, se impôs à multidão confusa e grosseira e todos concordaram em obedecer a uma autoridade comum. Foi esse contrato que conferiu valor de instituição à desigualdade, garantindo a propriedade do rico por um direito que não existia anteriormente. Era um contrato abusivo, que favorecia apenas a uma das partes e que Rousseau desejava, portanto, desmistificar.[24]

Não foi, dessa forma, o contrato que originou as primeiras relações sociais, mas precisamente o inverso: foi necessário que o homem deixasse o seu isolamento primitivo para que as sociedades políticas e as leis se tornassem necessárias. O desenvolvimento da sociabilidade e o estado de guerra dela decorrente tornaram necessários, e possíveis, os estabelecimentos políticos. O fundamento da autoridade política não está na divindade nem na natureza humana, mas nas convenções que os homens celebraram entre si, legitimando a desigualdade.[25]

---

24. STAROBINSKI, Jean, Op. cit., p. 304-5; TODOROV, Tzvetan. Op. cit., p. 13-4.

25. DERATHÉ, Robert, Op. cit., p. 177.

ROUSSEAU E HOBBES

Tornou-se lugar comum contrapor o pensamento de Rousseau ao de Thomas Hobbes, como representantes de concepções opostas do contratualismo. Com efeito, ao longo do Discurso, Rousseau citava o filósofo inglês algumas vezes, sempre para refutá-lo. Contestava, acima de tudo, as paixões violentas que o inglês emprestava ao homem selvagem e que, para o genebrino, eram, na verdade, próprias do homem civilizado. O que o inglês via como a natureza do homem, ele via como efeito da sociedade.[26]

Para Hobbes, a espécie humana apenas podia sobreviver renunciando à sua condição primitiva, por meio de um mecanismo que pusesse fim ao estado natural de guerra de todos contra todos. Ora, para Rousseau, o isolamento em que se encontrava o homem de natureza o impedia de entrar em guerra com seus semelhantes. Ele vivia tão somente para si, não estando o seu instinto de sobrevivência jamais voltado contra os outros.

Para o genebrino, se o estado de guerra era impossível no estado de natureza, é porque era preciso antes que o homem abandonasse o seu isolamento de origem e se aproximasse dos demais: era preciso que se tornasse sociável. Ora, justamente, com o desenvolvimento da sociabilidade humana, os progressos da desigualdade e as paixões dela decorrentes conduziram a um estado de guerra que tornou, por sua vez, necessários os estabelecimentos políticos e as leis. Logo, por esse longo desvio, Rousseau retornava à posição inicial de Hobbes, a guerra de todos contra todos. Com isso, a teoria do autor do *Leviatã* se reencontrava na de Rousseau,

---

26. LAUNAY, Michel. Op. cit., p. 200-1; TODOROV, Tzvetan. Op. cit., p. 16.

porém transposta. O desenvolvimento das paixões humanas conduziu o gênero humano a renunciar, para sobreviver, à sua independência natural. O instrumento dessa renúncia foi o contrato.[27]

IGUALITARISMO E PROPRIEDADE

Rousseau conclui o seu relato da formação da sociedade com as seguintes palavras:

Tal foi ou deve ter sido a origem da sociedade e das leis, que deram novos entraves ao fraco e novas forças ao rico, destruíram irreparavelmente a liberdade natural, fixaram para sempre a lei da propriedade e da desigualdade, fizeram de uma hábil usurpação um direito irrevogável e, em proveito de alguns ambiciosos, sujeitaram, a partir de então, todo o gênero humano ao trabalho, à servidão e à miséria.

Para o filósofo, as leis que haviam fixado a propriedade, fabricadas pelos ricos em seu próprio interesse, estavam, portanto, na origem da disparidade extrema de riquezas, que levava ao infortúnio da humanidade. Isso levou muitos leitores a entrever no pensamento de Rousseau uma contestação categórica da propriedade privada. Existe, de fato, na sua doutrina, um vínculo entre uma exigência de liberdade, isto é, de igualdade de todos perante a lei, e uma exigência de justiça e de igualdade sociais. Mas isso jamais levou Rousseau a concluir pela supressão da propriedade. Desejava ao contrário encontrar, na própria propriedade, a fonte de

---

27. DERATHÉ, Robert. Op. cit., p. 175-7.

desigualdade, mas também a manifestação da liberdade, o meio de limitar a si próprio e restabelecer, assim, uma relativa igualdade. Na nota (19), ao discorrer sobre a justiça distributiva, Rousseau esclarecia a sua posição sobre o tema, pedindo não o nivelamento das condições, mas apenas que a desigualdade civil fosse proporcional à desigualdade natural dos talentos.[28]

Outros textos posteriores permitiriam obter uma maior compreensão de suas posições. No *Discurso sobre a Economia Política*, por exemplo, originalmente escrito para a *Enciclopédia*, apresentaria o direito de propriedade como "o mais sagrado de todos os direitos dos cidadãos", por garantir a conservação da vida e fundamentar a sociedade civil.[29] Mas, embora sagrado, esse direito não era absoluto, devendo submeter-se a outros, em particular à vida e à liberdade. Rousseau denunciava, assim, os abusos do direito de propriedade, que levavam à miséria dos pobres e até mesmo dos ricos, e preconizava tão somente a sua limitação, para melhor consolidá-lo.[30] Essas ideias seriam retomadas, sob a Revolução, pelo governo jacobino, para justificar seus projetos de redistribuição da propriedade.

CONCLUSÃO

O que propunha então Rousseau, após desvendar a origem e os fundamentos da desigualdade? Como diz Todorov, embora crítico da humanidade em nome de um

---

28. LAUNAY, Michel. Op. cit., p. 217-9; STAROBINSKI, Jean. Op. cit., p. 308.

29. ROUSSEAU, Jean-Jacques. *Discours sur l'économie politique*. Amsterdam: [s.n.], 1763. p. 41.

30. LAUNAY, Michel. Op. cit., p. 184 e 219-20.

ideal perdido, Rousseau não era um "primitivista", isto é, um adepto de uma volta à condição original do homem. O filósofo deixava claro que um retorno ao estado de natureza, que podia nunca ter existido, era impossível. Embora evocasse a possibilidade remota de uma revolução capaz de reaproximar o governo da instituição legítima, o processo de depravação do homem era irreversível. Mas esse pessimismo de Rousseau era contrabalançado pelo que Starobinski chama de "otimismo antropológico": assim, se a bondade natural do homem estava perdida para as sociedades, ela não o estava para o indivíduo, que podia ser educado para viver segundo as exigências da natureza. A solução residia então num aperfeiçoamento da cultura, isto é, em uma desnaturação ainda mais profunda: uma cultura que permitisse conter a influência de uma sociedade corrompida, recusar o mundo contemporâneo e redescobrir o acordo com a natureza. Embora decorrentes da depravação humana, as ciências e as artes, isto é, as Luzes, constituíam uma barreira contra uma degradação maior. Essa é a missão que Rousseau atribuía a si mesmo.[31]

Contudo, depois de denunciar a mistificação do pacto que estava na origem da sociedade, Rousseau também estabelecia as bases para um novo contrato, um novo direito, que atendesse às necessidades morais. Suas pesquisas estavam, nesse ponto, incompletas, e seria necessário esperar o *Contrato Social* (1762) para ver o desenvolvimento pleno de suas ideias sobre o governo ideal, construído sobre a vontade geral.[32] No segundo Discurso, apenas apontava os caminhos a serem investigados.

---

31. TODOROV, Tzvetan. Op. cit., p. 16-7; STAROBINSKI, Jean. Op. cit., p. 299-301.

32. STAROBINSKI, Jean. Op. cit., p. 305-7.

Isso nos leva à dedicatória *À República de Genebra*, que precede o *Discurso*. O renome advindo do Primeiro Discurso havia permitido a Rousseau recuperar os seus direitos de burguesia genebrina, motivando-o a dedicar o novo texto à sua pátria amada. Em seu elogio, Rousseau sugeria que algumas cidades fiéis aos princípios e suficientemente corajosas para conquistar a própria independência constituíam verdadeiros exemplos a ser seguidos. Mas havia, nesse texto intencional e excessivamente lisonjeiro, também uma pregação. Escrevendo de Chambéry, com um olhar "de fora", Rousseau procurava fazer uma aproximação entre os seus ideais e a realidade genebrina, vendo-a mais como deveria ser do que como de fato era. No governo "sabiamente temperado" que descrevia estavam presentes as bases das propostas que integrariam o *Contrato Social*.[33] Ao apresentar esse modelo, Rousseau sugeria que, se o retorno ao estado de natureza era inviável, podia-se, ao menos, conceber um retorno à virtude. Após a "Queda", a redenção ainda era possível.

Se, no *Discurso*, Rousseau refletiu sobre a origem dos governos, nos textos posteriores ele abordaria as suas funções. A mudança de objeto acarretaria uma mudança de tom. Como diz Launay, "a veemência revolucionária convém à afirmação dos fins, a análise reformista à dos meios".[34] O *Discurso* permanece, portanto, no seio da obra de Rousseau, um de seus textos mais incendiários. Longo demais, e certamente intransigente demais, para os padrões do concurso proposto pela Academia de Dijon, o texto

---

33. STAROBINSKI, Jean. Op. cit., p. 293-4 e 308; MACHADO, Lourival Gomes. Op. cit., p. 124-5.

34. LAUNAY, Michel. Op. cit., p. 221.

sequer teve a sua leitura concluída pela comissão julga-
dora. Mais de dois séculos e meio depois, entretanto, o
Discurso, publicado em 1755, continua a instigar e a provocar a reflexão sobre o tema, sempre atual, da desigualdade entre os homens.

Laurent de Saes

Discurso sobre a origem e os fundamentos da desigualdade entre os homens

DEDICATÓRIA

À REPÚBLICA DE GENEBRA

MAGNÍFICOS, MUITO HONRADOS E SOBERANOS SENHORES

Convencido de que cabe apenas ao cidadão virtuoso prestar à sua pátria as honras que ela possa aprovar, há trinta anos trabalho para ter a capacidade de vos oferecer uma homenagem pública e, compensando essa feliz ocasião em parte o que os meus esforços não puderam fazer, pensei que me seria permitido consultar aqui o zelo que me anima, mais do que o direito que deveria autorizar-me. Tendo tido a felicidade de nascer entre vós, como poderia meditar sobre a igualdade que a natureza estabeleceu entre os homens e sobre a desigualdade que eles instituíram, sem pensar na profunda sabedoria com a qual uma e outra, felizmente combinadas neste Estado, concorrem, da maneira mais próxima à lei natural e mais favorável à sociedade, para a manutenção da ordem pública e da felicidade dos particulares? Ao buscar as melhores máximas que o bom senso possa ditar sobre a constituição de um governo, fiquei tão admirado ao vê-las todas em execução no vosso que, mesmo que não tivesse nascido entre vossos muros, teria acreditado não poder me dispensar de oferecer esse quadro da sociedade humana àquele de todos os povos que me parece possuir as maiores vantagens e melhor ter prevenido os seus abusos.

Caso tivesse de escolher o local de meu nascimento, teria escolhido uma sociedade de grandeza limitada pela extensão de suas faculdades humanas, isto é, pela possibilidade de ser bem governada e onde, bastando cada um ao seu emprego, ninguém fosse obrigado a incumbir outros das funções de que fora encarregado: um Estado onde, conhecendo todos os particulares uns aos outros, as manobras *obscuras* do vício e a modéstia da virtude não pudessem furtar-se aos olhares e ao julgamento do público e onde esse doce hábito de ver-se e de conhecer-se fizesse do amor da pátria o amor dos cidadãos, mais do que o amor da terra.

Teria desejado nascer num país onde o soberano e o povo pudessem ter um único e mesmo interesse, de modo que todos os movimentos da máquina tendessem apenas para a felicidade comum; não podendo tal coisa produzir-se, a menos que o povo e o soberano fossem a mesma pessoa, segue-se que teria desejado nascer sob um governo democrático, sabiamente temperado.

Teria desejado viver e morrer livre, isto é, tão submetido às leis que nem eu, nem ninguém, pudesse abalar-lhes o honroso jugo, esse jugo salutar e suave, que as cabeças mais orgulhosas sustentam tão docilmente, por não serem feitas para sustentar qualquer outro.

Teria, portanto, desejado que ninguém no Estado pudesse considerar-se acima da lei e que ninguém, fora dele, pudesse impor alguma que o Estado fosse obrigado a reconhecer. Pois, seja qual for a constituição de um governo, se houver nele um homem sequer que não esteja submetido à lei, todos os outros ficarão necessariamente à sua discrição (1) e, se houver um chefe nacional e outro estrangeiro, seja qual for a partilha de autoridade que puderem fazer, é impossível que tanto um quanto o outro sejam bem obedecidos e que o Estado seja bem governado.

Não teria, de modo algum, desejado viver em uma República de instituição nova, a despeito das boas leis que pudesse ter, temendo que, constituído o governo de modo talvez diferente do necessário para o momento, não convindo aos novos cidadãos, ou os cidadãos ao novo governo, o Estado ficasse sujeito a ser abalado e destruído desde o seu nascimento. Pois ocorre com a liberdade o mesmo que com esses alimentos sólidos e suculentos ou esses vinhos generosos, apropriados para alimentar e fortalecer os temperamentos robustos a eles habituados, mas que abatem, arruínam e inebriam os fracos e delicados, que não são feitos para eles. Os povos, uma vez acostumados a possuírem senhores, não são mais capazes de privar-se deles. Se tentam sacudir o jugo, afastam-se de tal forma da liberdade, tomando-a por uma licença desenfreada que lhe é oposta, que suas revoluções os entregam quase sempre a sedutores que apenas agravam as suas correntes. Até mesmo o povo romano, esse modelo de todos os povos livres, foi incapaz, ao sair da opressão dos tarquínios, de governar a si mesmo. Aviltado pela escravidão e pelos trabalhos ignominiosos que lhe haviam imposto, não foi a princípio senão um populacho estúpido que se teve de administrar e governar com a maior sabedoria, para que, acostumando-se pouco a pouco a respirar o ar salutar da liberdade, essas almas abatidas, ou melhor, embrutecidas sob a tirania adquirissem gradualmente essa severidade de costumes e esse orgulho que, por fim, fizeram delas o mais respeitável de todos os povos. Teria, por conseguinte, procurado para minha pátria uma feliz e tranquila república cuja antiguidade se perdesse, de alguma forma, na noite dos tempos, que tivesse sofrido apenas os ataques necessários para manifestar e fortalecer nos seus habitantes a coragem e o amor da pátria, e onde os cidadãos, há muito acostumados a uma sábia independência, fossem não somente livres, mas dignos de sê-lo.

Teria desejado escolher para mim uma pátria desviada, por uma feliz impotência, do amor feroz das conquistas e garantida, por uma posição ainda mais feliz, contra o temor de tornar-se ela própria a conquista de outro Estado: uma cidade livre, situada entre vários povos, onde nenhum deles tivesse interesse de invadir e cada um tivesse interesse em impedir os demais de invadirem-na; em uma palavra, uma república que, de modo algum, tentasse a ambição de seus vizinhos e que pudesse razoavelmente contar, na necessidade, com seus socorros. Segue-se que, em uma posição tão feliz, ela nada teria a temer a não ser de si própria e que, tivessem os seus cidadãos se exercitado nas armas, teria sido antes para conservar entre eles esse ardor guerreiro e essa altivez de coragem, que convém tão bem à liberdade e alimenta o gosto por ela, do que pela necessidade de guarnecer a própria defesa.

Teria procurado um país onde o direito de legislação fosse comum a todos os cidadãos, pois quem melhor do que eles para saber sob quais condições lhes convêm viver em uma mesma sociedade? Mas não teria aprovado plebiscitos semelhantes aos dos Romanos, nos quais os chefes de Estado e os mais interessados na sua conservação estavam excluídos das deliberações de que frequentemente dependia a sua salvação e nos quais, por uma absurda inconsequência, os magistrados estavam privados dos direitos que gozavam os simples cidadãos.

Teria, ao contrário, desejado que, para deter os projetos interessados e mal concebidos e as inovações perigosas que puseram, por fim, a perder os atenienses, não tivesse cada um o poder de propor novas leis, segundo sua fantasia; que esse direito pertencesse somente aos magistrados; que até mesmo estes o usassem com tamanha circunspeção, que o povo, de sua parte, se mostrasse tão reservado ao dar o seu consentimento a essas leis e que a sua promulgação não se pudesse fazer senão com tamanha solenidade que, antes de ser abalada a a constituição, houvesse tempo para se convencer de que é, sobretudo, a grande antiguidade das leis que as torna santas e veneráveis, de que o povo logo despreza aquelas que vê mudar todos os dias e de que, acostumando-se a negligenciar os antigos usos sob o pretexto de fazer melhor, introduzem-se frequentemente grandes males para corrigir outros menores.

Teria, sobretudo, evitado, na medida em que necessariamente mal governada, uma república onde o povo, acreditando poder privar-se de seus magistrados ou deixar-lhes apenas uma autonomia precária, tivesse imprudentemente reservado para si a administração dos negócios civis e a execução de suas próprias leis; deve esta ter sido a constituição grosseira dos primeiros governos imediatamente saídos do estado de natureza e foi este também um dos vícios que puseram a perder a república de Atenas.

Mas teria escolhido aquela em que, contentando-se em dar sanção às leis e em decidir, com o corpo e baseados no relatório dos chefes, os mais importantes assuntos públicos, os particulares estabelecessem tribunais respeitados, distinguissem cuidadosamente os seus diferentes departamentos e elegessem, ano após ano, os mais capazes e mais íntegros de seus concidadãos para administrar a justiça e governar o Estado e, dando, assim, a virtude dos magistrados provas da sabedoria do povo, uns e outros se honrassem mutuamente. Dessa forma, se mal-entendidos funestos viessem um dia a perturbar a concórdia pública, até mesmo esses tempos de cegueira e de erros seriam marcados por provas de moderação, de estima recíproca e de respeito comum pelas leis: presságios e garantias de uma reconciliação sincera e perpétua.

São essas, MAGNÍFICOS, MUITO HONRADOS E SOBERANOS SENHORES, as vantagens que teria procurado na pátria

que tivesse escolhido para mim. Se a providência tivesse
lhe acrescentado uma localização encantadora, um clima
temperado, uma terra fértil e a vista mais deliciosa existente
sob o céu, teria desejado, para completar minha felicidade,
apenas gozar de todos esses bens no seio dessa pátria feliz,
vivendo pacificamente em uma sociedade tranquila com
meus concidadãos, exercendo em relação a eles, e segundo
o seu exemplo, a humanidade, a amizade e todas as virtudes,
e deixando à posteridade a memória honrosa de um homem de bem e de um honesto e virtuoso patriota.

Se, menos feliz ou muito tardiamente sensato, eu me
tivesse visto reduzido a terminar, em outros climas, uma
enferma e lânguida carreira, deplorando inutilmente a falta
de repouso e de paz dos quais uma juventude imprudente
me tivesse privado, teria, pelo menos, alimentado na minha alma esses mesmos sentimentos de que não poderia ter
feito uso em meu país e, tomado por uma afeição terna e
desinteressada por meus distantes concidadãos, ter-lhes-ia
dirigido, do fundo de meu coração, mais ou menos o discurso que segue:

Meus caros concidadãos, ou melhor, meus irmãos, pois,
assim como as leis, os laços de sangue nos unem quase que a
todos, é agradável não poder pensar em vós, sem ao mesmo
tempo pensar em todos os bens que gozais e cujo preço nenhum dentre vós conhece melhor do que eu, que os perdi.
Quanto mais penso em vossa situação política e civil, menos consigo imaginar que a natureza das coisas humanas possa
comportar outra melhor. Em todos os outros governos,
quando se trata de garantir o maior bem do Estado, tudo se
limita sempre a projetos de ideias e, no máximo, a simples
possibilidades. Entre vós, a felicidade está inteiramente feita,
bastando apenas aproveitar, e, para serdes perfeitamente felizes, tendes apenas de contentar-vos em sê-lo. Vossa soberania

adquirida ou recobrada à ponta de espada, e conservada durante dois séculos à força de valor e sabedoria, encontra-se finalmente plena e universalmente reconhecida. Tratados honrosos fixam vossos limites, assegurando vossos direitos e consolidando vosso repouso. Vossa constituição é excelente, ditada pela mais sublime razão e garantida por potências amigas e respeitáveis; vosso Estado é tranquilo; não tendes nem guerras, nem conquistadores a temer; não tendes senhores outros que as sábias leis que fizestes, administradas por magistrados íntegros, que são de vossa escolha; não sois nem suficientemente ricos para enfraquecer-vos com a indolência e perder, com delícias vãs, o gosto da verdadeira felicidade e das sólidas virtudes, nem suficientemente pobres para necessitardes de outros socorros estrangeiros além dos fornecidos por vossa indústria; e essa liberdade preciosa, que somente se mantém nas grandes nações por meio de impostos exorbitantes, não vos custa quase nada para conservar.

Possa durar para sempre, para a felicidade de seus cidadãos e o exemplo dos povos, uma república tão sabiamente e tão felizmente constituída! Eis o único voto que vos resta a fazer e o único cuidado que vos resta a tomar. Cabe apenas a vós, de agora em diante, não realizar a vossa felicidade, pois vossos ancestrais já vos pouparam esse trabalho, mas torná-la durável pela sabedoria de bem utilizar-vos dela. É de vossa união perpétua, de vossa obediência às leis, de vosso respeito por seus ministros que depende vossa conservação. Se resta, entre vós, o menor germe de amargor ou de desconfiança, apressai-vos em destruí-lo como um fermento funesto, do qual resultariam, mais cedo ou mais tarde, vossas infelicidades e a ruína do Estado. Conjuro-vos todos a penetrar no fundo de vosso coração e a consultar a voz secreta de vossa consciência. Alguém dentre vós conhece no universo um corpo mais íntegro, mais esclarecido, mais respeitável do que o de vossa magistratura? Não vos dão todos os seus membros o exemplo de moderação, de simplicidade de costumes, de respeito pelas leis e da mais sincera reconciliação? Devolvei, portanto, sem reservas, a tão sábios chefes essa salutar confiança que a razão deve à virtude; pensai que são de vossa escolha, que eles a justificam e que as honras devidas àqueles que constituístes em dignidade recaem necessariamente sobre vós mesmos. Nenhum dentre vós é tão pouco esclarecido a ponto de ignorar que, onde cessam o vigor das leis e a autoridade de seus defensores, não pode haver nem segurança, nem liberdade para ninguém. O que vos cabe, em consequência, senão fazer, de boa vontade e com justa confiança, o que seríeis sempre obrigados a fazer por um interesse verdadeiro, por dever e pela razão? Que uma indiferença condenável e funesta pela manutenção da constituição não vos faça jamais negligenciar, quando preciso, as sábias opiniões dos mais esclarecidos e dos mais zelosos dentre vós. Mas que a equidade, a moderação, a mais respeitosa firmeza continuem a ditar todas as vossas medidas e a mostrar em vós, para todo o universo, o exemplo de um povo orgulhoso e modesto, tão zeloso de sua glória quanto de sua liberdade. Livrai-vos, sobretudo, e este será meu último conselho, de jamais dar ouvidos a interpretações sinistras e discursos envenenados, cujos motivos secretos são frequentemente mais perigosos do que as ações que fazem o seu objeto. Uma casa inteira desperta mantém-se alarmada aos primeiros gritos de um bom e fiel guarda, que não late jamais, exceto quando se aproximam os ladrões, mas odeia-se a importunidade desses animais barulhentos que perturbam incessantemente o repouso público e cujos alertas contínuos e deslocados não se fazem ouvir, mesmo quando necessários.

E vós, MAGNÍFICOS E MUITO HONRADOS SENHORES; vós, dignos e respeitáveis magistrados de um povo livre, permiti que vos ofereça em particular minhas homenagens e meus respeitos. Se há no mundo alguma posição capaz de ilustrar aqueles que a ocupam, é seguramente aquela conferida pelos talentos e pela virtude, aquela da qual vos tornastes dignos e à qual vossos concidadãos vos elevaram. Seu próprio mérito ainda agrega ao vosso um novo brilho e, escolhidos por homens capazes de governar outros, para a eles próprios governar, eu vos considero de tal forma acima dos demais magistrados que um povo livre, e sobretudo aquele que tendes a honra de conduzir, encontra-se, por suas luzes e por sua razão, acima do populacho dos outros Estados.

Seja-me permitido citar um exemplo do qual deveriam restar maiores vestígios e que estará para sempre presente em meu coração. Recordo-me, não sem a mais doce emoção, da memória do virtuoso cidadão a quem devo a luz e que frequentemente nutriu a minha infância com o mesmo respeito que vos era devido. Ainda o vejo vivendo do trabalho de suas mãos e alimentando a sua alma com as verdades mais sublimes. Vejo Tácito, Plutarco e Grócio misturados, à sua frente, com os instrumentos de seu ofício. Vejo, ao seu lado, um filho querido recebendo, com demasiado pouco proveito, as ternas instruções do melhor dos pais. Mas, se os desvios de uma louca juventude fizeram-me esquecer, por um tempo, tão sábias lições, tenho a felicidade de finalmente perceber que, a despeito de qualquer tendência que se tenha para o vício, dificilmente permanecerá perdida para sempre uma educação em que está envolvido o coração.

Assim são, MAGNÍFICOS E MUITO HONRADOS SENHORES, os cidadãos e até mesmo os simples habitantes nascidos no Estado que governais; assim são esses homens instruídos e sensatos dos quais se têm, sob o nome de operários e de povo, ideias tão baixas e tão falsas nas demais nações. Meu pai, admito-o com alegria, absolutamente não era distinto entre os seus concidadãos; era apenas o que são todos e, tal como era, não há lugar em que seu convívio não tenha sido procurado, cultivado, e mesmo com proveito, pelas pessoas mais honestas. Não cabe a mim e, graças aos céus, não é necessário falar-vos da estima que podem esperar de vós homens dessa índole, vossos iguais pela educação, assim como pelos direitos da natureza e do nascimento; vossos inferiores por sua vontade, pela preferência que deviam ao vosso mérito, e que lhe concederam, e pela qual lhes deveis, por vossa vez, uma forma de reconhecimento. É com viva satisfação que descubro com que doçura e condescendência vós moderais, para com eles, a gravidade que convém aos ministros das leis, o quanto lhes devolveis em estima e em atenções o que eles vos devem em obediência e respeito, conduta repleta de justiça e de sabedoria, capaz de afastar cada vez mais a memória dos eventos infelizes que é preciso esquecer para jamais voltar a vê-los: conduta ainda mais sensata na medida em que esse povo equitativo e generoso faz de seu dever um prazer e ama naturalmente honrar-vos, e que os mais ardentes em sustentar os seus direitos são os mais propensos a respeitar os vossos.

Não é de se surpreender que os chefes de uma sociedade civil lhe apreciem a glória e a felicidade, mas é de surpreender demasiadamente para o repouso dos homens que aqueles que se veem como magistrados, ou antes, como os senhores de uma pátria mais santa e mais sublime, deem provas de algum amor pela pátria terrestre que os alimenta. Como me é agradável poder abrir, em nosso favor, tão rara exceção e colocar no nível de nossos melhores cidadãos esses zelosos depositários dos dogmas sagrados autorizados pelas leis, esses veneráveis pastores das almas, cuja viva e doce eloquência tanto melhor conduz aos corações as máximas do Evangelho quanto começam sempre por praticá-las eles mesmos! Todos sabem com que sucesso a grande arte do púlpito é cultivada em Genebra, mas, acostumadas demais a ouvir dizer de uma maneira e ver agir de outra, poucas pessoas sabem até que ponto o espírito do cristianismo, a santidade dos costumes, a severidade para consigo mesmo e a suavidade para com outrem reinam entre nossos ministros. Talvez caiba somente à cidade de Genebra dar o exemplo edificante de tão perfeita união entre uma sociedade de teólogos e uma de pessoas de letras. É, em grande parte, em suas notórias sabedoria e moderação, é em seu zelo pela prosperidade do Estado que deposito a esperança de sua eterna tranquilidade e observo, com prazer misturado a espanto e respeito, como têm horror pelas máximas atrozes desses homens sagrados e bárbaros dos quais a história fornece mais de um exemplo e que, para sustentar os pretensos direitos de Deus, isto é, seus interesses, eram tanto menos avaros de sangue humano quanto mais se lisonjeavam que o seu sempre seria respeitado.

Como poderia esquecer essa preciosa metade da república que faz a felicidade da outra e cuja doçura e sabedoria mantêm nela a paz e os bons costumes? Amáveis e virtuosas cidadãs, a sorte de vosso sexo será sempre o de governar o nosso. Bem-aventurado vosso casto poder quando, exercido apenas na união conjugal, se faz sentir tão somente para a glória do Estado e a felicidade pública! É assim que as mulheres mandavam em Esparta e é assim que mereceis mandar em Genebra. Que homem bárbaro poderia resistir à voz da honra e da razão na boca de uma terna esposa? E quem não desprezaria um luxo vão, ao ver vossa simples e modesta vestimenta, que, pelo brilho que ela vos deve, parece ser a mais favorável à beleza? Cabe a vós manter sempre, por meio de vosso amável e inocente império e vosso espírito insinuante, o amor das leis no Estado e a concórdia entre os cidadãos; reunir, por meio de casamentos felizes, as famílias divididas e, acima de tudo, corrigir pela doçura persuasiva de vossas lições e pelas graças modestas de vossas conversas, os defeitos que nossos jovens vão adquirir em outros países, de onde, em vez de tantas coisas úteis que poderiam aproveitar, trazem, além de um tom pueril e ares ridículos adquiridos com mulheres perdidas, tão somente a admiração de sabe-se lá que pretensas grandezas, compensações frívolas da servidão, que jamais valerão a augusta liberdade. Sede sempre, portanto, o que sois, as castas guardiãs dos bons costumes e os doces laços da paz, e continuai a fazer valer, em todas as ocasiões, os direitos do coração e da natureza em proveito do dever e da virtude.

Orgulho-me por não ter sido desmentido pelos eventos, ao fundar em tais garantias a esperança da felicidade comum dos cidadãos e da glória da república. Admito que, com todas essas vantagens, ela não brilhará com esse esplendor com o qual a maioria dos olhos é ofuscada e cujo gosto pueril e funesto é o mais mortal inimigo da felicidade e da liberdade. Que uma juventude dissoluta vá procurar alhures os prazeres fáceis e os longos arrependimentos. Que as pretensas pessoas de gosto admirem em outros lugares a grandeza dos palácios, a beleza dos trajes, as mobílias soberbas, a pompa dos espetáculos e todos os refinamentos da indolência e do luxo. Em Genebra, encontrar-se-ão apenas homens e, no entanto, tal espetáculo tem o seu preço e aqueles que o procurarem valerão tanto quanto os admiradores do resto.

Dignai-vos todos, MAGNÍFICOS, MUITO HONRADOS E SOBERANOS SENHORES, a receber com a mesma bondade os respeitosos testemunhos do interesse que tenho por vossa prosperidade comum. Se fui infeliz o bastante para tornar-me culpado de algum transporte indiscreto nessa viva efusão de meu coração, suplico-vos que o perdoeis, atribuindo-o à afeição terna de um verdadeiro patriota e ao zelo ardente e legítimo de um homem que não ambiciona maior felicidade para si do que a de vos ver todos felizes.

Sou, com o mais profundo respeito,

MAGNÍFICOS, MUITO HONRADOS E SOBERANOS SENHORES, vosso muito humilde e muito obediente servidor e concidadão.

Chambéry, 12 de junho de 1754.

Jean-Jacques Rousseau

PREFÁCIO

O mais útil e o menos avançado de todos os conhecimentos humanos parece-me ser o do homem (2) e ouso dizer que, por si só, a inscrição do templo de Delfos continha um preceito mais importante e mais difícil do que todos os livros graúdos dos moralistas. Encaro também o tema deste discurso como uma das questões mais interessantes que a filosofia possa propor e, infelizmente, para nós, uma das mais espinhosas que os filósofos possam resolver. Pois como conhecer a fonte da desigualdade entre os homens, sem antes começar por conhecer a eles próprios? E como chegará o homem ao ponto de ver a si próprio tal como a natureza o formou, por meio de todas as mudanças que a sucessão dos tempos e das coisas teve de produzir em sua constituição original, e distinguir o que é de sua própria essência do que as circunstâncias e seus progressos agregaram ao seu estado primitivo ou nele modificaram? Semelhante à estátua de Glauco, que o tempo, o mar e as tormentas tinham desfigurado de tal forma que ela se assemelhava menos a um deus do que a um animal feroz, a alma humana, alterada no seio da sociedade por mil causas incessantemente renovadas, pela aquisição de uma multidão de conhecimentos e de erros, pelas mudanças produzidas na constituição do corpo e pelo choque contínuo das paixões, mudou, por assim dizer, de aparência, a ponto de tornar-se quase irreconhecível. E, em vez de um ser que age sempre por princípios certos e invariáveis, em vez dessa simplicidade celeste e majestosa com a qual seu autor a havia gravado, encontra-se nela apenas o contraste disforme entre a paixão que acredita razoar e o entendimento em delírio.

Ainda mais cruel é o fato de que, posto que todos os progressos da espécie humana a afastam incessantemente de seu estado primitivo, quanto mais acumulamos novos conhecimentos, mais nos privamos dos meios de adquirir o mais importante de todos e, em certo sentido, à força de estudar o homem, colocamo-nos na impossibilidade de conhecê-lo.

É fácil perceber que é nessas mudanças sucessivas da constituição humana que é preciso buscar a primeira origem das diferenças que distinguem os homens, os quais, segundo opinião comum[35], são naturalmente tão iguais entre si quanto o eram os animais de cada espécie, antes que diversas causas físicas tivessem introduzido em algumas delas as variedades que observamos. Com efeito, não é concebível que essas primeiras mudanças, por quaisquer meios que se tenham produzido, tenham alterado, ao mesmo tempo e da mesma forma, todos os indivíduos da espécie. Mas, tendo uns se aperfeiçoado ou deteriorado e adquirido diversas qualidades, boas ou más, que de modo algum eram inerentes à sua natureza, os outros permaneceram por mais tempo em seu estado original e tal foi, entre os homens, a primeira fonte da desigualdade, sendo mais fácil demonstrá-la assim, em geral, do que seria apontar-lhe com precisão as verdadeiras causas.

Não pensem os leitores que ouso vangloriar-me por ter visto o que me parece tão difícil de ver. Iniciei alguns raciocínios; arrisquei algumas conjecturas, menos na esperança de

---

35. A expressão empregada no texto original, *d'un commun aveu*, expressa, segundo Robert Derathé, a ideia de "opinião comum" (ou, pelo menos, comum à maioria dos pensadores da escola do direito natural, como Locke). Vale ressaltar, entretanto, que Victor Goldschmidt contesta essa interpretação, entendendo que não é do feitio de Rousseau reclamar-se da opinião comum. Para o autor, a expressão *d'un commun aveu* é ambígua, pois é utilizada no trecho em questão para passar de uma exigência de direito para uma afirmação de fato (cf. DÉRATHÉ, Robert. La place et l'importance de la notion d'égalité dans la doctrine politique de Jean-Jacques Rousseau. In: LEIGH, R. A. (ed.). *Rousseau after 200 Years*: Proceedings of the Cambridge Bicentennial Colloquium. Cambridge: Cambridge University Press, 1982. p. 55-63). (N.T.)

resolver a questão do que na intenção de esclarecê-la e de reduzi-la ao seu verdadeiro estado. Outros poderão facilmente ir mais longe pelo mesmo caminho, sem que seja fácil para ninguém chegar a seu termo. Não se trata, pois, de uma agradável empresa distinguir o que existe de originário e de artificial na natureza atual do homem, de conhecer bem um estado que já não existe mais, que talvez nunca tenha existido e que provavelmente jamais existirá e do qual, no entanto, é necessário ter noções justas para julgar corretamente o nosso estado presente.

Seria preciso até mesmo mais filosofia do que se pensa àquele que resolvesse determinar exatamente as precauções a serem tomadas para formular sólidas observações sobre esse tema e uma boa solução para o problema seguinte não me pareceria indigna dos Aristóteles e dos Plínios de nosso século: "Que experiências seriam necessárias para chegar-se a conhecer o homem natural e quais os meios de realizar essas experiências no seio da sociedade?". Longe de pretender resolver esse problema, acredito ter meditado o suficiente sobre o assunto para ousar responder, de antemão, que os maiores filósofos não serão demasiadamente bons para conduzir tais experiências, nem os mais poderosos soberanos para realizá-las: concurso com o qual não é, de modo algum, razoável contar, sobretudo dada a perseverança ou, antes, a sucessão de luzes e boa vontade necessárias, tanto de uns como de outros, para obter êxito.

Essas pesquisas, tão difíceis de realizar e nas quais pouco se pensou até agora, constituem, no entanto, os únicos meios que nos restam para superar uma multidão de dificuldades que nos privam do conhecimento dos fundamentos reais da sociedade humana. É essa ignorância da natureza do homem que projeta tanta incerteza e obscuridade na verdadeira definição do direito natural, pois a ideia do direito, afirma o sr. Burlamaqui[36], e ainda mais a do direito natural, são manifestamente ideias relativas à natureza do homem. É, portanto, dessa mesma natureza do homem, continua o autor, de sua constituição e de seu estado que se devem deduzir os princípios dessa ciência. Não é, de forma alguma, sem surpresa e sem escândalo que se nota o pouco entendimento que reina sobre essa importante matéria entre os diversos autores que a abordaram. Entre os mais sérios escritores, encontram-se, com dificuldade, dois que partilham da mesma opinião sobre esse ponto. Sem mencionar os antigos filósofos, que parecem ter incumbido a si próprios de se contradizer entre si sobre os princípios mais fundamentais, os jurisconsultos romanos sujeitam indiferentemente o homem e todos os outros animais à mesma lei natural, em razão de contemplarem, sob esse nome, antes a lei que a natureza impôs a si própria do que a que prescreve; ou melhor, em razão da acepção particular que esses jurisconsultos atribuem à palavra lei, que aparentemente apenas empregaram, nessa ocasião, como expressão das relações gerais estabelecidas pela natureza entre todos os seres animados, para a sua conservação comum. Os modernos, por não reconhecerem sob o nome de lei senão uma regra prescrita a um ser moral, isto é, inteligente, livre e considerado nas suas relações com outros seres, restringem consequentemente ao único animal dotado de razão, isto é, o homem, a competência da lei natural. Mas, ao definirem essa lei, cada um a seu modo, estabelecem-na sobre princípios tão metafísicos que há, mesmo entre nós, poucas pessoas em condições de compreender tais princípios, quanto mais encontrá-los por si mesmas. Dessa maneira, todas as definições de homens sábios, aliás em perpétua

---

36. Trata-se de Jean-Jacques Burlamaqui (1694-1748), escritor e jurista genebrino, famoso por sua obra *Principe du droit naturel* (1717) e outras que versam sobre o direito natural e das gentes. (N.T.)

contradição entre si, concordam somente que é impossível, sem ser um grande arrazoador e um profundo metafísico, compreender a lei da natureza e, consequentemente, obedecê-la. Isso significa precisamente que os homens tiveram de empregar, para o estabelecimento da sociedade, luzes que não se desenvolvem senão com muito esforço e entre pouquíssimas pessoas no seio da própria sociedade. Conhecendo tão pouco a natureza e acordando-se tão mal quanto ao sentido da palavra *lei*, seria bastante difícil concordar quanto a uma boa definição da lei natural. Ademais, todas aquelas encontradas nos livros possuem não apenas o defeito de não serem nada uniformes, como também o de serem extraídas de vários conhecimentos que os homens não possuem naturalmente e de vantagens cuja ideia só pode conceber após terem deixado o estado de natureza. Começa-se por procurar as regras sobre as quais seria oportuno, para a utilidade comum, que os homens conviessem entre si e, em seguida, dá-se o nome de lei natural à coleção dessas regras, sem outra prova além do bem que, acredita-se, resultaria de sua prática universal. Eis um modo certamente muito cômodo de compor definições e de explicar a natureza das coisas por conveniências quase arbitrárias.

Mas, enquanto não conhecermos o homem natural, é em vão que desejaremos determinar a lei que recebeu ou a que convém melhor à sua constituição. Tudo o que podemos ver muito claramente em relação a essa lei é que não apenas é preciso, para que seja lei, que a vontade daquele que ela obriga possa submeter-se a ela com conhecimento, mas que é preciso ainda, para que seja natural, que fale imediatamente pela voz da natureza.

Abandonando, portanto, todos os livros científicos que nos ensinam apenas a ver os homens tais como fizeram a si mesmos, e meditando sobre as primeiras e mais simples operações da alma humana, creio perceber nela dois princípios anteriores à razão, dos quais um nos interessa fortemente para o nosso bem-estar e para a nossa própria conservação e o outro nos inspira uma repugnância natural em vermos perecer ou sofrer qualquer ser sensível e, principalmente, nossos semelhantes. É do concurso e da combinação que nosso espírito é capaz de promover desses dois princípios, sem que seja necessário introduzir o da sociabilidade, que decorrem, ao que me parece, todas as regras do direito natural, regras que a razão é, então, forçada a restabelecer sobre outros fundamentos, quando, por conta de seus desenvolvimentos sucessivos, acaba por sufocar a natureza. Dessa forma, não se é, de modo algum, obrigado a fazer do homem um filósofo antes de fazer dele um homem; seus deveres para com outrem não lhe são unicamente ditados pelas lições tardias da sabedoria e, enquanto não resistir ao impulso interior da comiseração, jamais fará mal a outro homem, ou mesmo a um ser sensível, exceção feita ao caso legítimo em que se vê obrigado, no interesse de sua conservação, a dar preferência a si próprio. Por esse meio, encerram-se também as antigas disputas sobre a participação dos animais na lei natural, pois resta claro que, desprovidos de luzes e de liberdade, eles não podem reconhecer essa lei, mas, possuindo algo de nossa natureza pela sensibilidade de que são dotados, julgar-se-á que também devem participar do direito natural e que o homem se submete, para com eles, a deveres de alguma espécie. Parece, com efeito, que, se sou obrigado a não fazer mal algum ao meu semelhante, é menos por constituir um ser razoável do que por constituir um ser sensível, qualidade que, sendo comum ao animal e ao homem, deve, ao menos, dar a um o direito de jamais ser inutilmente maltratado pelo outro.

Esse mesmo estudo do homem original, de suas verdadeiras necessidades e dos princípios fundamentais de seus deveres ainda é o único meio adequado que se pode empregar para superar as multidões de dificuldades que se apresentam sobre a origem da desigualdade moral, sobre os verdadeiros fundamentos do corpo político, sobre os direitos recíprocos de seus membros e sobre mil outras questões semelhantes, tão importantes quanto mal esclarecidos.

Considerando a sociedade humana com um olhar tranquilo e desinteressado, ela parece, de início, mostrar apenas a violência dos homens poderosos e a opressão dos fracos; o espírito se revolta contra a dureza de uns e é levado a deplorar a cegueira dos outros e, como, entre os homens, nada é menos estável do que essas relações exteriores que o acaso produz mais frequentemente do que a sabedoria e às quais damos o nome de fraqueza ou poder, riqueza ou pobreza, os estabelecimentos humanos parecem, à primeira vista, fundados em montes de areia movediça; é apenas examinando-os de perto, é apenas após ter afastado o pó e a areia que envolvem o edifício que percebemos a base inabalável sobre a qual se encontra erigido e que se aprende a respeitar seus fundamentos. Ora, sem o estudo sério do homem, de suas faculdades naturais e de seus desenvolvimentos sucessivos, jamais se chegará a completar essas distinções e a separar, na atual constituição das coisas, o que faz a vontade divina daquilo que a arte humana pretendeu fazer. As pesquisas políticas e morais suscitadas pela importante questão que examino são, pois, de todo modo, úteis, e a história hipotética dos governos é, sob todos os aspectos, uma lição instrutiva para o homem. Considerando o que nos teríamos tornado, caso tivéssemos sido abandonados à nossa sorte, devemos aprender a abençoar aquele cuja mão benfazeja, corrigindo nossas instituições e dando-lhes um fundamento inabalável, preveniu as desordens que delas poderiam resultar e fez nascer a nossa felicidade dos meios que pareciam completar a nossa miséria.

Quem te Deus esse
Jussit, et humana quâ parte locatus es in re,
Disce.[37]

---

37. *Aprende o que Deus ordenou que fosses e qual é o teu lugar no mundo humano* (trecho extraído de *Sátiras* de Persio). (N.T.)

QUESTÃO PROPOSTA PELA ACADEMIA DE DIJON

Qual é a origem da desigualdade entre os homens e será ela autorizada pela lei natural?

SOBRE AS NOTAS

Acrescentei algumas notas à presente obra, seguindo com o meu costume preguiçoso de trabalhar descontinuadamente. Por vezes, essas notas afastam-se de tal forma do tema que não se prestam a serem lidas com o texto. Eu as enviei para o fim do Discurso, ao longo do qual procurei, da melhor forma possível, seguir o caminho mais reto. Aqueles que tiverem a coragem de relê-lo poderão, em uma segunda vez, divertir-se batendo mato e tentando percorrer as notas; não será grave que os demais não as leiam.

Jean-Jacques Rousseau

É do homem que devo falar, e a questão que examino me ensina que é para os homens que vou falar, pois não se propõem questões semelhantes quando se teme honrar a verdade. Defenderei, portanto, com confiança, a causa da humanidade perante os sábios que me convidam a fazê-lo, e não ficarei descontente comigo mesmo caso me torne digno de meu tema e de meus juízes.

Concebo, na espécie humana, dois tipos de desigualdade: uma, que chamo de natural ou física, na medida em que é estabelecida pela natureza e consiste na diferença das idades, da saúde, das forças do corpo e das qualidades do espírito ou da alma; a outra, que se pode chamar de desigualdade moral ou política, pois depende de um tipo de convenção e é estabelecida ou, pelo menos, autorizada pelo consentimento dos homens. Esta última consiste em diferentes privilégios que alguns gozam em prejuízo dos outros, tais como ser mais ricos, mais honrados, mais poderosos do que estes, ou mesmo o de fazerem-se obedecer por eles.

Não se pode perguntar qual é a fonte da desigualdade natural, pois a resposta se encontraria enunciada na simples definição da palavra. Pode-se ainda menos investigar se não haveria, entre as duas desigualdades, algum elo essencial, pois isso seria perguntar, em outros termos, se aqueles que mandam valem necessariamente mais do que os que obedecem e se a força do corpo ou do espírito, a sabedoria ou a virtude estão sempre nos mesmos indivíduos, em proporção ao poder ou à riqueza: questão talvez boa para ser discutida entre escravos ouvidos por seus senhores, mas que não convém a homens razoáveis e livres, que buscam a verdade.

Do que precisamente se trata, portanto, neste Discurso? De identificar no progresso das coisas o momento em que, sucedendo à violência o direito, a natureza foi submetida à lei, e de explicar por que encadeamento de prodígios o forte pode decidir-se a servir o fraco, e o povo a comprar um repouso ilusório ao preço de uma felicidade real.

Todos os filósofos que examinaram os fundamentos da sociedade sentiram a necessidade de remontar ao estado de natureza, mas nenhum deles obteve êxito. Alguns não hesitaram em supor no homem, nesse estado, a noção do justo e do injusto, sem se preocupar em dar provas de que devia possuir essa noção, ou mesmo de que esta lhe fosse útil. Outros falaram do direito natural que tem cada um de conservar o que lhe pertence, sem explicar o que entendiam por pertencer; outros, dando primeiro a autoridade ao mais forte sobre o mais fraco, logo fizeram nascer o governo, sem pensar no tempo que deveria ter passado antes que o sentido das palavras *autoridade* e *governo* pudesse existir entre os homens. Enfim, todos eles, falando incessantemente de necessidade, de avidez, de opressão, de desejos e de orgulho, transportaram, para o estado de natureza, ideias que tinham extraído da sociedade. Falavam do homem selvagem e retratavam o homem civil. Sequer veio ao espírito da maioria dos nossos duvidar que o estado de natureza tenha jamais existido, embora seja evidente, pela leitura dos Livros Sagrados, que nem mesmo o primeiro homem, tendo recebido luzes e preceitos imediatamente de Deus, encontrava-se nesse estado e que, acrescentando aos escritos de Moisés a fé que lhes deve todo filósofo cristão, deve-se negar que, mesmo antes do dilúvio, os homens se tenham jamais encontrado no estado puro de natureza, a menos que nele tenham recaído por algum evento extraordinário: paradoxo muito embaraçoso para ser defendido e absolutamente impossível de provar.

Comecemos, logo, por afastar todos os fatos, pois nenhum respeito dizem à questão. Não se deve considerar as pesquisas, a que se pode recorrer sobre este assunto, como verdades históricas, mas somente como raciocínios hipotéticos e condicionais, mais adequados para esclarecer a natureza das coisas do que para apontar-lhes a verdadeira origem, e semelhantes aos que fazem, todos os dias, nossos físicos sobre a formação do mundo. A religião nos ordena a crer que, tendo o próprio Deus tirado os homens do estado de natureza, imediatamente após a criação, são eles desiguais porque assim quis que o fossem, mas ela não nos proíbe de formar conjecturas extraídas tão somente da natureza do homem e dos seres que o cercam sobre o que poderia ter acontecido ao gênero humano, tivesse ele sido abandonado à sua sorte. Eis o que me perguntam e o que me proponho a examinar neste Discurso. Por interessar meu assunto ao homem em geral, esforçar-me-ei por empregar uma linguagem que convém a todas as nações, ou melhor, esquecendo os tempos e os lugares, para apenas pensar nos homens a quem me dirijo, supor-me-ei no liceu de Atenas, repetindo as lições de meus mestres, tendo os Platões e os Xenócrates como juízes e o gênero humano, como ouvinte.

Ó homem, de qualquer região que sejas, quaisquer que sejam tuas opiniões, escuta. Eis a tua história, tal como a acreditei ler, não nos livros de teus semelhantes, que são mentirosos, mas na natureza que jamais mente. Tudo o que dela vier será verdadeiro. Nada haverá de falso a não ser o que, sem o querer, tiver acrescentado de meu. Os tempos

de que vou falar estão bastante distantes. O quanto mu-
daste em relação ao que eras! É, por assim dizer, a vida de
tua espécie que vou descrever segundo as qualidades que
recebeste, que tua educação e teus hábitos puderam de-
pravar, mas que não puderam destruir. Existe, sinto-o, uma
idade em que o homem individual desejaria parar; pro-
curarás a idade em que desejarias que tua espécie tivesse
parado. Descontente com o teu estado atual, por razões
que anunciam à tua infeliz posteridade descontentamen-
tos ainda maiores, desejarias talvez poder retroceder e esse
sentimento deve constituir o elogio de teus primeiros an-
tepassados, a crítica de teus contemporâneos e o temor
daqueles que tiverem a infelicidade de viver depois de ti.

PRIMEIRA PARTE

Por mais importante que seja, para julgar corretamente o estado natural do homem, considerá-lo desde a sua origem e examiná-lo, por assim dizer, no primeiro embrião da espécie, não seguirei a sua organização por meio de seus desenvolvimentos sucessivos. Não vou me deter a procurar no sistema animal o que pôde ter sido no início para enfim tornar-se o que é; não examinarei se, como pensa Aristóteles, suas unhas alongadas não foram antes garras recurvadas, se ele não era peludo como um urso e se, andando de quatro (3), seus olhares, dirigidos ao solo e restritos a um horizonte de alguns passos, não revelavam, ao mesmo tempo, o caráter e os limites de suas ideias. Não poderia formar sobre esse tema a não ser conjecturas vagas e quase imaginárias. Demasiado poucos são ainda os progressos da anatomia comparada, demasiado incertas são ainda as observações dos naturalistas para que se possa estabelecer, sobre semelhantes fundamentos, a base de um raciocínio sólido; assim, sem recorrer aos conhecimentos sobrenaturais que temos sobre esse ponto e sem considerar as mudanças que tiveram de ocorrer na conformação, tanto interior quanto exterior, do homem, à medida que aplicava seus membros a novos usos e se nutria de novos alimentos, supô-lo-ei, em todos os tempos, conforme o vejo hoje, andando sobre dois pés, servindo-se de suas mãos como fazemos com as nossas, dirigindo seus olhares sobre toda a natureza e medindo com os olhos a vasta extensão do céu.

Despindo esse ser, assim constituído, de todos os dons sobrenaturais que pôde receber e de todas as faculdades artificiais que somente pôde adquirir após longos progressos, em uma palavra, considerando-o tal como deve ter saído das mãos da natureza, vejo um animal menos forte do que uns, menos ágil do que outros, mas, no geral, mais vantajosamente organizado do que todos.Vejo-o saciando-se sob um carvalho, dessedentando-se no primeiro regato, encontrando sua cama ao pé da mesma árvore que lhe fornecera a refeição e eis satisfeitas as suas necessidades.

Abandonada à sua fertilidade natural (4) e coberta por imensas florestas que o machado jamais mutilou, a terra oferece, a cada passo, entrepostos e retiros aos animais de toda espécie. Os homens, dispersos entre eles, observam, imitam a sua indústria e elevam-se, assim, até o instinto dos animais, com a vantagem de que cada espécie possui apenas o seu e que o homem, não possuindo talvez nenhum que lhe seja próprio, apropria-se de todos, alimenta-se igualmente da maioria dos diferentes alimentos (5) que os demais animais dividem entre si e, consequentemente, encontra sua subsistência mais facilmente do que qualquer dos outros.

Acostumados, desde a infância, às intempéries do ar e ao rigor das estações, habituados ao cansaço e forçados a defender, nus e desarmados, sua vida e sua presa contra os outros animais ferozes, ou a escapar-lhes correndo, os homens formam para si um temperamento robusto e quase inalterável. Os filhos, trazendo ao mundo a excelente constituição de seus pais e fortalecendo-a por meio dos mesmos exercícios que a produziram, adquirem, assim, todo vigor de que a espécie humana é capaz. A natureza faz com eles precisamente o mesmo que fez a lei de Esparta com os filhos dos cidadãos: torna fortes e robustos os que são bem constituídos e faz perecer todos os outros, diferente, quanto a isso, das nossas sociedades, onde o Estado, ao tornar os filhos onerosos aos seus pais, mata-os indistintamente antes de seu nascimento.

Sendo o corpo do homem selvagem o único instrumento de que tenha conhecimento, emprega-o a diversos usos, dos quais, por falta de prática, os nossos são incapazes, pois a nossa indústria nos priva da força e da agilidade que a necessidade o obriga a adquirir. Tivesse ele possuído um machado, o seu punho romperia ramos tão sólidos? Tivesse ele possuído uma funda, lançaria, com tamanha firmeza, uma pedra com a mão? Tivesse ele possuído uma escada, subiria tão ligeiramente em uma árvore? Tivesse ele possuído um cavalo, seria tão veloz na corrida? Se deixais ao homem civilizado o tempo de reunir todas as suas máquinas ao seu redor, não se pode duvidar que vai superar facilmente o homem selvagem, mas, se quereis ver um combate ainda mais desigual, deixai-os nus e desarmados, um diante do outro, e reconhecereis logo a vantagem de sempre ter todas as forças ao seu dispor, de estar sempre pronto para cada evento e de sempre carregar-se, por assim dizer, inteiramente consigo mesmo (6).

Hobbes[38] pretende que o homem é naturalmente intrépido e procura apenas atacar e combater. Um filósofo ilustre pensa, ao contrário, e Cumberland[39] e Pufendorf[40] também o garantem, que nada é mais tímido do que o homem no estado de natureza e que ele está sempre tremendo e pronto para fugir ao menor barulho que o alerte, ao menor movimento que perceba. Isso pode ser assim para os objetos que não conhece e não duvido que ele se assuste com todos os novos espetáculos que se oferecem a ele, sempre que não pode distinguir o bem e o mal físicos que deles deve esperar, nem comparar suas forças com os perigos que deve correr:

---

38. Thomas Hobbes of Malmesbury (1588-1679), um dos mais notórios filósofos britânicos, particularmente conhecido por sua obra *Leviatã* (1651), que fez dele um dos maiores expoentes do contratualismo. (N.T.)

39. Richard Cumberland (1631-1718), bispo de Peterborough, mas também filósofo renomado por suas teses utilitaristas expressas em sua obra maior: *De legibus naturae* (1672). (N.T.)

40. Samuel (von) Pufendorf (1632-1694), jurista germânico, reconhecido como um dos principais expoentes do pensamento jusnaturalista. Vale notar que encontramos, para o seu nome, grafias diferentes, segundo a edição do *Discurso* de Rousseau (além de Pufendorf, é possível encontrar Puffendorff, Puffendorf e Pufendorff). Adotamos aqui a grafia correta do nome. (N.T.)

circunstâncias raras no estado de natureza, onde todas as coisas funcionam de maneira tão uniforme e a face da Terra nunca se encontra sujeita a essas mudanças bruscas e contínuas, causadas pelas paixões e pela inconstância dos povos reunidos. Mas, vivendo o homem selvagem entre os animais e encontrando-se desde cedo em situação de medir forças com eles, ele logo faz a comparação e, sentindo que os supera mais em destreza do que eles o superam em força, aprende a não mais temê-los. Colocai um urso ou um lobo para combater um selvagem robusto, ágil, corajoso como todos o são, armado com pedras e com um sólido bastão, e vereis que o perigo será, ao menos, recíproco e que, após várias experiências semelhantes, os animais ferozes, que não gostam de atacar uns aos outros, atacarão de muita má vontade ao homem, que terão julgado ser tão feroz quanto eles. Diante dos animais cuja força realmente supera a destreza do homem, este se encontra na mesma situação das espécies mais fracas, que não deixam de subsistir, mas com a vantagem, para o homem, tão disposto quanto eles para a corrida e encontrando nas árvores um refúgio quase certo, de sempre poder aceitar ou abandonar o confronto e escolher a fuga ou o combate. Acrescentemos que não parece que algum animal faça naturalmente a guerra ao homem, fora dos casos de defesa própria ou de fome extrema, nem manifeste por ele essas violentas antipatias que parecem anunciar que uma espécie está destinada pela natureza a servir de pasto à outra.

São certamente essas as razões pelas quais os negros e os selvagens se inquietam tão pouco com os animais ferozes que podem encontrar nos bosques. Os caraíbas da Venezuela, entre outros, vivem, quanto a isso, na mais profunda segurança e sem o menor inconveniente. Embora vivam quase nus, diz

François Corréal[41], não deixam de expor-se intrepidamente nos bosques, somente armados com arco e flecha, mas jamais se ouviu dizer que algum deles tenha sido devorado por animais.

Outros inimigos mais temíveis, e perante os quais o homem não dispõe dos mesmos meios para defender-se, são as enfermidades naturais, a infância, a velhice e as doenças de toda espécie: tristes sinais de nossa fraqueza, dos quais os dois primeiros são comuns a todos os animais e o último pertence principalmente ao homem que vive em sociedade. Observo até mesmo, quanto à infância, que, trazendo sempre consigo o seu filho, a mãe encontra muito mais facilidade em alimentá-lo do que as fêmeas de muitos animais, incessantemente forçadas a ir e vir, com muita fadiga, por um lado, para procurar seu pasto e por outro, para amamentar ou alimentar os filhotes. É verdade que, se a mulher vem a falecer, a criança corre sério risco de falecer com ela, mas esse perigo é comum a cem outras espécies, cujos filhotes ainda estão longe de poder procurar, por si próprios, o seu alimento, e se a infância é mais longa entre nós, sendo também a vida mais longa, tudo ainda é, quanto a esse ponto, mais ou menos igual (7), muito embora existam, quanto à duração da primeira idade e ao número de filhotes (8), outras regras que não integram o meu assunto. Entre os velhos, que agem e transpiram pouco, a necessidade de alimentos diminui com a faculdade de provê-los, a vida selvagem afasta deles a gota e os reumatismos, e a velhice é, dentre todos os males, o que os socorros humanos menos podem aliviar, assim, eles expiram sem que se perceba que deixaram de existir e quase sem que eles mesmos o percebam.

---

41. François Corréal, viajante e autor de *Les Voyages de François Corréal aux Indes Occidentales* (1722). (N.T.)

No que se refere às doenças, de modo algum repetirei as declamações vãs e falsas que a maioria das pessoas com boa saúde faz contra a medicina, mas perguntarei se existe alguma observação sólida que permita concluir ser a vida média do homem mais curta nos países onde essa arte é mais desprezada do que naqueles em que é cultivada com o maior cuidado. E como poderia ser assim se nós nos causamos males mais numerosos do que os remédios que a medicina pode nos fornecer? A extrema desigualdade no modo de viver; o excesso de ócio de uns e o excesso de trabalho de outros; a facilidade de irritar e de satisfazer nossos apetites e nossa sensualidade; os alimentos demasiadamente procurados pelos ricos, nutrindo-os com sumos estimulantes e provocando indigestões; a má alimentação dos pobres, que mais frequentemente lhes falta e cuja carência os leva a sobrecarregar avidamente o estômago na primeira ocasião; as vigílias, os excessos de todo tipo, os transportes imoderados de todas as paixões, as fadigas e o esgotamento do espírito; os pesares e os tormentos sem-número que se sofre em todos os estados e pelos quais as almas são perpetuamente corroídas: eis as funestas evidências de que nossos males são, na sua maioria, obra nossa e de que teríamos evitado quase todos caso tivéssemos conservado a maneira simples, uniforme e solitária de viver, que nos era prescrita pela natureza. Se ela nos destinou a sermos sãos, ouso quase assegurar que o estado de reflexão é um estado contrário à natureza e que o homem que medita é um animal depravado. Quando se pensa na boa constituição dos selvagens, ao menos daqueles que não arruinamos com nossos fortes licores, quando se sabe que não conhecem outras doenças além dos ferimentos e da velhice, é-se levado a crer que a história das doenças humanas seria facilmente contada segundo a das sociedades civis. Essa é, pelo menos, a opinião de Platão, que entende, com base em certos remédios empregados ou aprovados por Podalírio e Macaão[42] durante o cerco de Troia, que diversas doenças, que esses remédios deviam provocar, ainda não eram então conhecidas entre os homens, enquanto Celso[43] relata que a dieta, hoje tão necessária, só foi inventada por Hipócrates[44].

Com tão poucas fontes de males, o homem no estado de natureza não tem qualquer necessidade de remédios e ainda menos de médicos; a espécie humana tampouco está, a esse respeito, em condição pior que a de todas as outras e é fácil saber dos caçadores se, em suas caçadas, encontram muitos animais enfermos. Deparam com vários que receberam ferimentos consideráveis bem cicatrizados, que tiveram ossos e até mesmo membros rompidos e restabelecidos sem outro cirurgião além do tempo, sem outro regime além de sua vida ordinária e que, nem por isso, deixaram de curar-se perfeitamente, por não terem sido atormentados com incisões, envenenados com drogas ou extenuados com jejuns. Enfim, por mais útil que possa ser entre nós a medicina bem administrada, é sempre certo que se o selvagem doente, abandonado à sua sorte, nada tem a esperar da natureza, por outro lado, ele nada tem a temer senão a própria moléstia, o que frequentemente torna a sua situação preferível à nossa.

Evitemos, portanto, confundir o homem selvagem com os homens que temos diante dos olhos. A natureza trata a todos os animais deixados aos seus cuidados com uma predileção que parece mostrar o quanto ela é ciosa desse direito. O cavalo, o gato, o touro e até mesmo o asno têm, na sua maioria, uma estatura maior, uma constituição mais robusta,

---

42. Irmãos que, por seus conhecimentos de medicina, haviam sido convocados a servir como médicos do exército grego, durante o cerco de Troia. (N.T.)

43. Médico romano, famoso por sua obra *De medicina*. (N.T.)

44. Muitas vezes apontado como o "pai da medicina", Hipócrates era uma das figuras eminentes da intelectualidade ateniense. (N.T.)

maior vigor, força e coragem nas florestas do que em nossa casa; perdem metade dessas vantagens ao tornarem-se domésticos e, ao que parece, todos os nossos cuidados em tratar bem e alimentar esses animais acabam apenas por degenerá-los. Assim é com o próprio homem: ao tornar-se sociável e escravo, ele se torna fraco, medroso, servil, e seu modo de viver, frouxo e efeminado, acaba por abater, ao mesmo tempo, sua força e sua coragem. Acrescentemos que, entre as condições selvagem e doméstica, a diferença de um homem para outro deve ser ainda maior do que a de um animal para outro, pois, tendo o animal e o homem sido tratados igualmente pela natureza, todas as comodidades que o homem se proporciona a mais, em relação aos animais que domestica, constituem causas particulares que fazem com que degenere mais sensivelmente.

Não representam, pois, para esses primeiros homens, um grande infortúnio, nem, sobretudo, um grande obstáculo para a sua conservação, a nudez, a falta de habitação e a privação dessas inutilidades, que acreditamos ser tão necessárias. Se não possuem a pele vilosa, dela não têm qualquer necessidade nas regiões quentes e logo aprendem, nas regiões frias, a apropriar-se das peles dos animais que derrotaram; se possuem apenas dois pés para correr, dispõem de dois braços para prover à sua defesa e às suas necessidades; seus filhos andam talvez tardiamente e com dificuldade, mas as mães os carregam com facilidade, vantagem que falta às demais espécies, nas quais a mãe, sendo perseguida, vê-se obrigada a abandonar os filhotes ou a marcar seus passos pelos deles. Enfim, a menos que se suponham esses concursos singulares e fortuitos de circunstâncias, dos quais falarei adiante e que podiam muito bem jamais ter ocorrido, resta claro, de qualquer modo, que o primeiro a ter providenciado roupas ou uma moradia ofereceu a si mesmo coisas pouco necessárias, na medida em que tinha se privado delas até então e que não se entende como não poderia suportar, como homem maduro, o tipo de vida que suportava desde a infância.

Sozinho, ocioso e sempre perto do perigo, o homem selvagem deve amar dormir e ter o sono leve, como os animais que, por pensarem pouco, dormem, por assim dizer, o tempo todo em que não pensam. Sendo a própria conservação o seu único cuidado, suas faculdades mais exercidas devem ser as que têm por objeto principal o ataque e a defesa, seja para subjugar a presa, seja para evitar tornar-se a de outro animal; os órgãos que não se aperfeiçoam senão pela indolência e pela sensualidade devem, ao contrário, permanecer em estado de grosseria, que exclui qualquer tipo de delicadeza e, encontrando-se os seus sentidos divididos quanto a esse ponto, ele terá o tato e o paladar de uma rudeza extrema, e a visão, a audição e o olfato da maior sutileza. Tal é o estado animal em geral e também, segundo o relatório dos viajantes, o da maioria dos povos selvagens. Assim, não é de se admirar que os hotentotes do cabo da Boa Esperança avistem, a olho nu, navios em alto-mar, tão longe quanto os holandeses com lunetas; nem que os selvagens da América sintam os espanhóis em seu rastro, assim como o poderiam fazer os melhores cães; nem que todas essas nações bárbaras suportem, sem dificuldade, a nudez, agucem o paladar com pimenta e bebam licores europeus, como se fossem água.

Considerei, até o momento, tão somente o homem físico. Tratemos agora de observá-lo pelo lado metafísico e moral.

Vejo, em cada animal, apenas uma máquina engenhosa, à qual a natureza conferiu sentidos para que restabelecesse a si própria e se garantisse, até certo ponto, contra tudo o que tende a destruí-la ou desconcertá-la. Percebo precisamente as mesmas coisas na máquina humana, com a diferença de que a natureza faz tudo sozinha nas operações do animal, enquanto o homem concorre para as suas, na qualidade de agente livre.

Um escolhe ou rejeita por instinto, o outro por um ato de liberdade, o que faz com que o animal não possa afastar-se da regra que lhe é prescrita, mesmo que lhe fosse vantajoso fazê-lo, e o homem frequentemente dela se afaste em seu prejuízo. É assim que um pombo morre de fome perto de uma bandeja repleta das melhores carnes, tal como um gato sobre um monte de frutas ou de grãos, muito embora tanto um quanto o outro pudessem muito bem nutrir-se do alimento que desprezam, caso ousassem experimentá-lo. É assim que os homens dissolutos se abandonam a excessos que lhes causam a febre e a morte, pois o espírito deprava os sentidos e a vontade ainda fala enquanto se cala a natureza.

Todo animal tem ideias, pois possui sentidos; ele até mesmo combina, até certo ponto, tais ideias, não diferindo o homem, a esse respeito, do animal, a não ser quanto ao grau. Alguns filósofos chegaram a sustentar que existe uma maior diferença entre um homem e outro do que entre um homem e um animal; não é tanto o entendimento que constitui, entre os animais, a distinção específica do homem, mas a sua qualidade de agente livre. A natureza comanda a todos os animais e a besta obedece. O homem sofre a mesma impressão, mas considera-se livre para consentir ou resistir e é, sobretudo, na consciência dessa liberdade que se evidencia a espiritualidade de sua alma, pois a física explica, de alguma maneira, o mecanismo dos sentidos e a formação das ideias, mas, no poder de querer ou, antes, de escolher e no sentimento desse poder, encontram-se apenas atos puramente espirituais, que, de modo algum, podem ser explicados pelas leis da mecânica.

Contudo, ainda que as dificuldades que cercam todas essas questões dessem alguma margem para discutir essa diferença entre o homem e o animal, há outra qualidade muito específica que os distingue e em relação à qual não pode haver contestação: é a faculdade de se aperfeiçoar, faculdade que, com a ajuda das circunstâncias, desenvolve sucessivamente todas as outras e reside, entre nós, tanto na espécie quanto no indivíduo, ao passo que um animal torna-se, ao cabo de alguns meses, o que será a vida inteira, e sua espécie, ao cabo de mil anos, o que foi desde o princípio. Por que somente o homem está sujeito a tornar-se imbecil? Não será porque retorna, dessa forma, ao seu estado primitivo e porque, enquanto o animal – que nada adquiriu e também nada tem a perder – permanece sempre com seu instinto, o homem, tornando a perder pela velhice ou outros acidentes tudo o que *sua perfectibilidade* lhe fizera adquirir, torna a cair, assim, a um nível mais baixo que o do próprio animal? Seria triste, para nós, sermos forçados a convir que essa faculdade distintiva, e quase ilimitada, é a fonte de todos os males do homem; que é ela que o tira, com o tempo, dessa condição originária, na qual passaria dias tranquilos e inocentes; que é ela que, fazendo desabrochar, ao longo dos séculos, suas luzes e seus erros, seus vícios e suas virtudes, faz dele, com o tempo, o tirano de si mesmo e da natureza (9). Seria horrível ser forçado a louvar, como um ser benfeitor, o primeiro a sugerir ao habitante das margens do Orinoco o uso dessas fasquias que aplica sobre as têmporas de seus filhos e que lhes garantem, ao menos, uma parte de sua imbecilidade e de sua felicidade original.

O homem selvagem, abandonado pela natureza somente ao seu instinto, ou melhor, ressarcido daquele que talvez lhe falte por faculdades capazes de primeiramente supri-lo para, em seguida, elevá-lo muito acima disso, começará, portanto, pelas funções puramente animais (10): perceber e sentir será o seu primeiro estado, comum a todos os animais; querer e não querer, desejar e temer, serão as primeiras, e talvez únicas, operações de sua alma, até que novas circunstâncias provoquem novos desenvolvimentos.

A despeito do que dizem os moralistas, o entendimento humano deve muito às paixões, que, segundo opinião comum, também lhe devem muito; é por meio dessa atividade que nossa razão se aperfeiçoa; procuramos conhecer apenas porque desejamos gozar e não é possível conceber o motivo pelo qual aquele desprovido de desejos ou de temores iria se dar ao trabalho de raciocinar. As paixões, por sua vez, têm sua origem em nossas necessidades, e seu progresso em nossos conhecimentos, pois não se pode desejar nem temer as coisas senão a partir das ideias que se tem ou do simples impulso da natureza; e o homem selvagem, privado de qualquer espécie de luzes, experimenta apenas paixões desta última espécie; seus desejos nunca ultrapassam suas necessidades físicas (11); os únicos bens que conhece no universo são o alimento, a fêmea e o repouso; os únicos males que teme são a dor e a fome. Digo a dor e não a morte, pois jamais o animal saberá o que é morrer; ao afastar-se da condição animal, o conhecimento da morte e de seus terrores é uma das primeiras aquisições que o homem faz.

Ser-me-ia fácil, caso me fosse necessário, sustentar esse sentimento pelos fatos e fazer ver que, em todas as nações do mundo, os progressos do espírito se fizeram precisamente proporcionais às necessidades que os povos tinham recebido da natureza, ou às quais as circunstâncias os tinham submetido, e, por conseguinte, às paixões que os levavam a atender às suas necessidades. Mostraria, no Egito, as artes nascerem e se estenderem com o transbordamento do Nilo; seguiria seus progressos entre os gregos, que as viram germinar, crescer e elevar-se até os céus, entre as areias e os rochedos da Ática, sem poder deitar raiz nas margens férteis do Eurotas; observaria que, no geral, o povo do Norte é mais industrioso que o do Sul, pois pode furtar-se menos de sê-lo, como se a natureza quisesse, dessa forma, igualar as coisas, dando aos espíritos a fertilidade que recusa à terra.

Mas, sem recorrer aos testemunhos incertos da história, quem não vê que tudo parece afastar do homem selvagem a tentação e os meios de deixar de sê-lo? Sua imaginação não lhe retrata nada; seu coração não lhe pede nada. Suas módicas necessidades estão tão tranquilamente ao alcance da mão e ele tão longe do grau de conhecimento necessário para desejar adquirir outras maiores, que não pode ter nem previdência, nem curiosidade. O espetáculo da natureza, à força de se lhe tornar familiar, torna-se-lhe indiferente. É sempre a mesma ordem, são sempre as mesmas revoluções; não possui espírito para espantar-se com as maiores maravilhas e não é nele que se deve procurar a filosofia de que o homem necessita para saber observar, por uma vez, o que viu todos os dias. Sua alma, que nada anima, abandona-se ao mero sentimento de sua existência atual, sem nenhuma ideia do porvir, por mais próximo que possa estar; e seus projetos, tão limitados quanto sua visão, estendem-se, quando muito, até o fim do dia. Tal é, ainda hoje, o grau de previdência do caraíba: de manhã, vende o seu leito de algodão e, à noite, vem chorar para readquiri-lo, por não ter previsto que precisaria dele para a noite seguinte.

Quanto mais se medita sobre esse assunto, mais a distância entre as sensações puras e os simples conhecimentos aumenta aos nossos olhos e é impossível conceber como um homem teria podido, somente por meio de suas forças, sem o socorro da comunicação e sem o estímulo da necessidade, transpor um intervalo tão grande. Quantos séculos talvez transcorreram antes que os homens chegassem a ver outro fogo que não o do céu! Quantos acasos diferentes não lhes foram necessários antes que aprendessem os usos mais comuns desse elemento! Quantas vezes não o deixaram apagar-se antes de ter adquirido a arte de reproduzi-lo! E quantas vezes talvez cada um desses segredos não morreu com aquele que o havia descoberto! Que diríamos da agricultura, arte que exige tanto trabalho e previdência, que depende de tantas outras artes, que muito evidentemente não é praticável senão em uma sociedade, ao menos, iniciada, e que não nos serve tanto para extrair da terra alimentos que ela forneceria de qualquer forma quanto para forçá-la às preferências que são mais de nosso gosto? Mas suponhamos que os homens tivessem se multiplicado a tal ponto que as produções naturais não bastassem mais para alimentá-los, suposição que, diga-se de passagem, apontaria para a espécie humana uma grande vantagem no modo de viver; suponhamos que, sem forjas e sem oficinas, os instrumentos de lavragem tivessem caído do céu entre as mãos dos selvagens; que esses homens tivessem vencido o ódio mortal que nutrem pelo trabalho contínuo; que tivessem aprendido a prever, de tão longe, suas necessidades; que tivessem adivinhado como se deve cultivar a terra, semear os grãos e plantar as árvores; que tivessem encontrado a arte de moer o trigo e colocar a uva em fermentação; todas essas coisas, que os deuses lhes ensinaram, não se podendo conceber que as tivessem aprendido por si próprios; depois disso, que homem seria suficientemente insensato para atormentar-se com o cultivo de um campo que fosse espoliado pelo primeiro a chegar, homem ou animal indiferentemente, e a quem essa colheita conviesse? E como poderá cada um resolver passar a vida em um trabalho penoso, cujo prêmio tem tanta certeza de não poder recolher quanto mais este se lhe faz necessário? Em uma palavra, como poderá essa situação levar os homens a cultivar a terra, enquanto esta não for partilhada entre eles, isto é, enquanto o estado de natureza não tiver sido suprimido?

Ainda que quiséssemos supor um homem selvagem tão hábil na arte de pensar quanto o dizem nossos filósofos; ainda que, seguindo o seu exemplo, fizéssemos dele próprio um filósofo, descobrindo, por si só, as verdades mais sublimes, fazendo para si, por meio de séries de raciocínios muito abstratos, máximas de justiça e de razão, deduzidas do amor pela ordem em geral ou da vontade conhecida de seu Criador;

em uma palavra, ainda que supuséssemos em seu espírito o quanto de inteligência e de luzes deve possuir e que, na verdade, somente se encontra lentidão e estupidez, que utilidade extrairia a espécie de toda essa metafísica, que não poderia ser comunicada e que morreria com o indivíduo que a tivesse inventado? Que progresso poderia fazer o gênero humano esparso nos bosques, entre os animais? E até que ponto poderiam aperfeiçoar-se e esclarecer-se mutuamente os homens que, não tendo nem domicílio fixo, nem qualquer necessidade um do outro, talvez se encontrassem, quando muito, duas vezes na vida, sem se conhecer e sem se falar?

Considerando-se quantas ideias devemos ao uso da palavra, o quanto a gramática exercita e facilita as operações do espírito, assim como os trabalhos inconcebíveis e o tempo infinito que deve ter custado a primeira invenção das línguas, e juntando essas reflexões às precedentes, julgar-se-á quantos milhares de séculos foram necessários para desenvolver sucessivamente no espírito humano as operações de que era capaz.

Seja-me permitido considerar, por um instante, os obstáculos da origem das línguas. Poderia contentar-me em citar ou repetir aqui as pesquisas que o Sr. abade de Condillac[45] realizou sobre essa matéria, que confirmam todas plenamente o meu sentimento e que talvez tenham me dado a primeira ideia a esse respeito. Mas, dado o modo como esse filósofo resolve as dificuldades que opõe a si mesmo sobre a origem dos signos instituídos, mostrando que supôs aquilo que questiono, a saber, uma espécie de sociedade já estabelecida entre os inventores da linguagem, creio, ao remeter às suas reflexões, dever juntar-lhes as minhas, para expor as mesmas dificuldades sob o enfoque que convém ao meu tema.

---

45. Étienne Bonnot de Condillac (1714-1780), abade, filósofo e economista francês, expoente do empirismo. Abordou, em seus escritos, a questão da origem da linguagem, entendendo-a como uma criação puramente humana. (N.T.)

A primeira que se apresenta é a de imaginar como puderam as línguas tornar-se necessárias, pois não tendo os homens qualquer correspondência entre si, nem necessidade alguma de tê-las, não se concebe nem a necessidade dessa invenção, nem a sua possibilidade, se não fosse indispensável. Diria até, como muitos outros, que as línguas nasceram no comércio doméstico dos pais, das mães e dos filhos, mas, além de não resolver em nada as objeções, isso seria repetir o erro daqueles que, raciocinando com base no estado de natureza, nele projetam ideias extraídas da sociedade; veem sempre a família reunida em uma mesma habitação e seus membros guardando entre si uma união tão íntima e tão permanente quanto entre nós, onde tantos interesses comuns os reúnem, ao passo que, nesse estado primitivo, não possuindo nem casas, nem cabanas, nem propriedades de qualquer espécie, cada um se alojava ao acaso e, frequentemente, para uma única noite; os machos e as fêmeas se uniam fortuitamente, segundo o acaso, a ocasião e o desejo, sem que a palavra fosse um intérprete muito necessário das coisas que tinham a se dizer. Deixavam-se com a mesma facilidade (12). A princípio, a mãe amamentava os filhos por sua própria necessidade; então, por tornarem-se queridos pelo hábito, passava a alimentá-los pela necessidade deles; assim que adquiriam forças para procurar o seu pasto, não tardavam a deixar a própria mãe e, como praticamente não havia outro meio de se reencontrarem, exceto o de não se perderem de vista, logo chegavam ao ponto de sequer se reconhecerem uns aos outros. Notai ainda que, tendo o filho de explicar todas as suas necessidades e, por conseguinte, tendo mais coisas a dizer à mãe do que a mãe ao filho, cabe a ele fazer os maiores esforços da invenção, e que a língua que emprega deve ser, em grande parte, obra sua, multiplicando-se, portanto, as línguas tanto quanto os indivíduos que as falam; para isso contribui ainda a vida errante e vagabunda, que não dá a nenhum idioma o tempo de adquirir consistência, pois dizer que a mãe dita ao filho as palavras de que deverá servir-se para pedir-lhe uma coisa ou outra mostra bem como se ensinam línguas já formadas, mas nada diz sobre como elas se formam.

Suponhamos vencida essa primeira dificuldade, transponhamos, por um momento, o imenso espaço que deve ter existido entre o estado puro de natureza e a necessidade das línguas, e procuremos, supondo-as necessárias (13), como puderam começar a estabelecer-se. Nova dificuldade, pior ainda que a precedente, pois se os homens tiveram necessidade da palavra para aprender a pensar, tiveram ainda mais necessidade de saber pensar para encontrar a arte da palavra. E ainda que se compreendesse como os sons da voz foram tomados por intérpretes convencionais de nossas ideias, ainda restaria saber quais puderam ter sido os próprios intérpretes dessa convenção para as ideias que, não possuindo qualquer objeto sensível, não podiam indicar-se nem pelo gesto, nem pela voz, de modo que se pode, quando muito, formar conjecturas suportáveis sobre o nascimento dessa arte de comunicar os pensamentos e de estabelecer um comércio entre os espíritos: arte sublime, que já se encontra tão longe de sua origem, mas que o filósofo ainda vê a uma distância tão prodigiosa de sua perfeição, que não há homem algum ousado o bastante para assegurar que jamais a alcançaria, ainda que as revoluções, que o tempo necessariamente traz, fossem suspensas em seu favor, os preconceitos deixassem as academias ou se calassem diante delas e pudessem estas tratar desse objeto espinhoso, durante séculos inteiros, sem interrupção.

A primeira linguagem do homem, a linguagem mais universal, a mais enérgica e a única de que teve necessidade, antes que fosse necessário persuadir homens reunidos, é o grito da natureza. Como esse grito somente era emitido nas ocasiões prementes por uma espécie de instinto, para implorar por socorro diante de grandes perigos ou por alívio diante de males violentos, não era ele de grande uso no curso ordinário da vida, onde reinam sentimentos mais moderados.

Quando as ideias dos homens começaram a estender-se e a multiplicar-se, e estabeleceu-se entre eles uma comunicação mais estreita, procuraram signos mais numerosos e uma linguagem mais extensa; multiplicaram as inflexões da voz e juntaram-lhes os gestos que, por natureza, são mais expressivos e cujo sentido depende menos de uma determinação anterior. Expressavam, portanto, os objetos visíveis e móveis por meio de gestos, e aqueles que tocam o ouvido por meio de sons imitativos, mas, como o gesto indica somente objetos presentes ou fáceis de descrever e ações visíveis, como ele não é de uso universal, pois a obscuridade ou a interposição de um corpo o tornam inútil, e como ele mais exige atenção do que a excita, imaginou-se finalmente substituí--lo pelas articulações da voz, que, sem ter a mesma relação com certas ideias, são mais adequadas para representar a todas como signos instituídos: substituição que não se pode fazer senão por um consentimento comum e de maneira bastante difícil de praticar por homens cujos órgãos grosseiros não tinham ainda nenhuma prática, e mais difícil ainda de conceber-se em si mesma, pois esse acordo unânime teve de ser motivado e a palavra parece ter sido muito necessária para estabelecer o uso da palavra.

Deve-se crer que as primeiras palavras de que os homens se utilizaram tiveram, em seu espírito, um significado muito mais extenso do que têm as que se empregam nas línguas já formadas, e que, ignorando a divisão do discurso em suas partes constitutivas, deram inicialmente a cada palavra o sentido de uma proposição inteira. Quando começaram a distinguir o sujeito do atributo, e o verbo do substantivo, o que não exigiu pouco esforço de gênio, não foram de início os substantivos senão outros tantos nomes próprios, o presente do infinitivo foi o único tempo dos verbos e, quanto aos adjetivos, tal noção não deve ter-se desenvolvido senão com grande dificuldade, pois tudo o que é adjetivo é palavra abstrata, e todas as abstrações são operações penosas e pouco naturais.

Inicialmente, cada objeto recebeu um nome particular, sem consideração aos gêneros e às espécies, que esses primeiros instituidores[46] não eram capazes de distinguir, e todos os indivíduos se apresentaram, ao seu espírito, isolados, tal como o são no quadro da natureza. Se um carvalho se chamava A, outro se chamava B, pois a primeira ideia que se extrai de duas coisas é que não são a mesma e é frequentemente preciso muito tempo para observar o que elas têm em comum, de modo que quanto mais limitados eram os conhecimentos, mais o dicionário se tornava extenso. O embaraço de toda essa nomenclatura não pôde ser facilmente superado, pois, para ordenar os seres sob denominações comuns e genéricas, era preciso conhecer as suas propriedades e diferenças; eram necessárias observações e definições, isto é, a história natural e a metafísica, muito mais do que podiam ter os homens daquele tempo.

As ideias gerais não podem, aliás, introduzir-se no espírito senão com a ajuda das palavras; o entendimento não as discerne senão por meio de proposições. Essa é uma das razões pelas quais os animais não poderiam formar tais ideias, nem jamais adquirir a perfectibilidade que delas depende. Quando um macaco vai, sem hesitar, de uma noz para outra, acredita-se que tenha a ideia geral dessa espécie de fruto e que compare o seu arquétipo a esses dois indivíduos? Certamente não, mas a vista de uma dessas nozes relembra à

---

46. Do francês *instituteurs*, que também admite o sentido de *preceptores*, podendo, no caso, ser empregado em sentido figurado. No entanto, o uso da palavra *inventeurs* (inventores), no fim do parágrafo seguinte, sugere que *instituteurs* efetivamente se refere, no trecho em questão, àqueles que inventam ou instituem algo. (N.T.)

sua memória as sensações que recebera da outra e seus olhos, de certa forma modificados, anunciam ao seu paladar a modificação que irá receber. Toda ideia geral é puramente intelectual; por menos que a imaginação interfira nela, a ideia logo se torna particular. Procurai traçar-vos a imagem de uma árvore em geral e jamais conseguireis; contra a vossa vontade, será preciso vê-la pequena ou grande, rala ou ramalhuda, clara ou escura, e se dependesse de vós verdes nela apenas o que existe em todas as árvores, essa imagem não se assemelharia mais a uma árvore. Os seres puramente abstratos são vistos da mesma forma ou concebidos somente pelo discurso. A definição do triângulo basta para dar-vos, a esse respeito, a verdadeira ideia: tão logo representardes algum em vosso espírito, será ele tal triângulo e não outro, e não podereis deixar de tornar as suas linhas sensíveis ou o plano colorido. É preciso, por conseguinte, enunciar proposições; é preciso, portanto, falar para ter ideias gerais, pois, tão logo cessa a imaginação, o espírito não avança mais senão com a ajuda do discurso. Assim, se os primeiros inventores não puderam dar nomes senão às ideias que já possuíam, segue-se que os primeiros substantivos só puderam ser nomes próprios.

Mas quando, por meios que não concebo, os novos gramáticos começaram a estender suas ideias e a generalizar suas palavras, a ignorância dos inventores teve de sujeitar esse método a limites muito estreitos, e como de início tinham multiplicado em demasia os nomes dos indivíduos, por não conhecerem os gêneros e as espécies, distinguiram, em seguida, demasiado poucas espécies e gêneros, por não terem considerado os seres em todas as suas diferenças. Para levar as divisões longe o bastante, teria sido necessário mais experiência e luzes do que podiam possuir, e mais pesquisas e trabalho do que gostariam de realizar. Ora, se mesmo hoje descobrem-se, a cada dia, novas espécies que tinham, até o momento, escapado a todas as nossas observações, pode-se imaginar quantas se tinham subtraído a homens que julgavam as coisas somente com base em seu primeiro aspecto. Quanto às classes primitivas e às noções mais gerais, é supérfluo acrescentar que também lhes escaparam. Por exemplo, teriam imaginado ou ouvido as palavras matéria, espírito, substância, modo, figura, movimento, visto que até mesmo os nossos filósofos, que se as utilizam de há tanto tempo, encontram grande dificuldade em entendê-las, e que, sendo as ideias que se vinculam a essas palavras puramente metafísicas, não se encontrava delas nenhum modelo na natureza?

Detenho-me nesses primeiros passos e suplico aos meus juízes que suspendam aqui sua leitura para considerar, tão somente a respeito da invenção dos substantivos físicos, isto é, a parte da língua mais fácil de encontrar, o caminho que lhe resta a fazer para expressar todos os pensamentos dos homens, para assumir uma forma constante, para poder ser falada em público e influir sobre a sociedade; suplico-lhes que reflitam sobre o tempo e os conhecimentos que foram necessários para encontrar os números (14), as palavras abstratas, os aoristos[47] e todos os tempos dos verbos, as partículas, a sintaxe, assim como para ligar as proposições, os raciocínios e formar toda a lógica do discurso. Quanto a mim, assustado com as dificuldades que se multiplicam e convencido da impossibilidade quase demonstrada de que as línguas tenham podido nascer e estabelecer-se por meios puramente humanos, deixo, a quem desejar empreendê-la, a discussão desse difícil problema: entre a sociedade já formada quando da instituição das línguas e as línguas já inventadas quando do estabelecimento da sociedade, o que foi mais necessário?

---

47. Aoristo é o tempo verbal do grego antigo utilizado para descrever ações sem especificação ou limitação de período. (N.T.)

Sejam quais forem essas origens, vê-se, ao menos, pelo pouco cuidado que teve a natureza em aproximar os homens por meio de necessidades mútuas e em facilitar-lhes o uso da palavra, o quão pouco ela preparou a sua sociabilidade e o quão pouco colocou de si mesma em tudo o que fizeram para estabelecer-lhes os laços. Com efeito, é impossível imaginar por que, nesse estado primitivo, um homem teria mais necessidade de outro homem do que um macaco ou um lobo de seu semelhante; nem, supondo-se essa necessidade, que motivo poderia levar o outro a atendê-la; nem mesmo, neste último caso, como poderiam acordar-se sobre as condições. Sei que nos é incessantemente repetido que nada teria sido tão miserável quanto o homem nesse estado; e, se é verdade, como creio tê-lo provado, que não teria podido, senão após muitos séculos, ter o desejo e a ocasião de deixá-lo, seria esse um processo a ser feito à natureza e não àquele por ela assim constituído. Mas, se compreendo bem esse termo *miserável*, trata-se de palavra desprovida de sentido, ou que significa apenas uma privação dolorosa e o sofrimento do corpo e da alma; ora, gostaria muito que me fosse explicado que espécie de miséria pode ter um ser livre cujo coração está em paz e o corpo está saudável. Pergunto, entre a vida civil e a natural, qual delas está mais sujeita a tornar-se insuportável àqueles que a gozam? Vemos, ao nosso redor, quase somente pessoas que se queixam de sua existência e até mesmo muitas que se privam dela tanto quanto podem, e a reunião das leis divina e humana mal basta para deter essa desordem. Pergunto se jamais se ouviu dizer que um selvagem em liberdade tenha tranquilamente pensado em queixar-se da vida e dar-se a morte. Que se julgue, portanto, com menos orgulho, de que lado está a verdadeira miséria. Nada, ao contrário, teria sido tão miserável quanto o homem selvagem ofuscado por luzes, atormentado por paixões e raciocinando sobre um estado diferente do seu. Foi por uma providência muito sábia que as faculdades que potencialmente possuía não deviam desenvolver-se senão com as ocasiões de exercê-las, de modo que não lhe fossem nem supérfluas e embaraçosas antes do tempo, nem tardias e inúteis diante da necessidade. Reunia tão somente no instinto tudo de que necessitava para viver no estado de natureza; possui, numa razão cultivada, apenas o que lhe é necessário para viver em sociedade.

Parece, à primeira vista, que, não havendo entre os homens, nesse estado, qualquer espécie de relação moral ou de deveres conhecidos, não podiam eles ser bons nem maus, e não possuíam nem vícios, nem virtudes, a menos que, tomando essas palavras num sentido físico, chamem-se vícios, no indivíduo, as qualidades que podem prejudicar sua própria conservação, e virtudes as que podem contribuir para ela; nesse caso, seria preciso chamar de mais virtuoso aquele que resistisse menos aos simples impulsos da natureza. Mas, sem nos afastarmos do sentido ordinário, é oportuno suspender o julgamento que poderíamos fazer de tal situação e desconfiar de nossos preconceitos, até que, com a balança na mão, se tenha examinado se existem mais virtudes do que vícios entre os homens civilizados, ou se suas virtudes são mais vantajosas do que são funestos os seus vícios, ou se o progresso de seus conhecimentos é uma compensação suficiente para os males que se fazem mutuamente à medida que se instruem sobre o bem que devem fazer a si mesmos, ou se não se encontrariam, afinal, em situação mais feliz, não tendo nem mal a temer nem bem a esperar de ninguém, do que se submetendo a uma dependência universal e obrigando-se a tudo receber daqueles que nada se obrigam a lhes dar.

Não concluamos, sobretudo, com Hobbes que, por não ter qualquer ideia da bondade, o homem seja naturalmente mal; que seja vicioso, por não conhecer a virtude; que recuse sempre aos seus semelhantes serviços que não crê dever-lhes; nem que, em virtude do direito que se atribui com razão sobre as coisas de que se tem necessidade, imagine loucamente ser o único proprietário de todo o universo. Hobbes viu muito bem o defeito de todas as definições modernas do direito natural, mas as consequências que extrai da sua mostram que ele a toma em um sentido que não é menos falso. Raciocinando sobre os princípios que estabelece, o autor deveria dizer que, sendo o estado de natureza aquele em que o cuidado de nossa conservação é o menos prejudicial à conservação do outro, esse estado é, por conseguinte, o mais apropriado à paz e o mais conveniente ao gênero humano. Ele diz precisamente o contrário, por ter inoportunamente incluído no cuidado da conservação do homem selvagem a necessidade de satisfazer uma multidão de paixões que são obra da sociedade e que tornaram as leis necessárias. O mau, diz ele, é uma criança robusta; resta saber se o homem selvagem é uma criança robusta. Mesmo que se concordasse com ele, a que conclusão se chegaria? Que se esse homem fosse quando robusto tão dependente dos outros quanto o é quando fraco, não haveria qualquer espécie de excesso a que não se entregasse: bateria em sua mãe quando esta tardasse a dar-lhe o seio; esganaria um de seus jovens irmãos sempre que o incomodasse; morderia a perna do outro quando o atingisse ou o perturbasse. Mas essas duas suposições, ser robusto e ser dependente, são contraditórias no estado de natureza. O homem é fraco quando é dependente, e emancipa-se antes de tornar-se robusto. Hobbes não viu que a mesma causa que impede os selvagens de utilizar-se de sua razão, como pretendem nossos jurisconsultos, impede-os, ao mesmo tempo, de abusar de suas faculdades, como ele mesmo pretende, de modo que se poderia dizer que os selvagens não são maus, precisamente porque não sabem o que é ser bons; não é nem o desenvolvimento das luzes, nem o freio da lei, mas a calma das paixões e a ignorância do vício que os impedem de fazer o mal: *Tanto plus in illis proficit vitiorum ignoratio, quam in his cognitio virtutis*[48]. Existe, aliás, outro princípio de que Hobbes não se apercebeu e que, tendo sido dado ao homem para suavizar, em certas circunstâncias, a ferocidade de seu amor-próprio ou o desejo de conservar-se antes do nascimento desse amor (15), modera, por uma repugnância inata em ver sofrer o seu semelhante, o ardor que nutre por seu bem-estar. Não creio dever temer qualquer contradição ao conceder ao homem a única virtude natural que o mais desmedido detrator das virtudes humanas tenha sido forçado a reconhecer. Falo da piedade, disposição conveniente a seres tão fracos e sujeitos a tantos males quanto o somos: virtude tanto mais universal e útil ao homem quanto precede nele o uso de toda reflexão, e tão natural que, por vezes, até mesmo os animais dão dela alguns sinais sensíveis. Sem falar da ternura das mães por seus filhotes e dos perigos que enfrentam para protegê-los, observa-se, todos os dias, a repugnância que sentem os cavalos em pisotear um corpo vivo. Um animal jamais passa, sem inquietação, perto de um animal morto de sua espécie; há até mesmo alguns que lhes dão uma espécie de sepultura, e os tristes mugidos do gado, ao entrar em um açougue, anunciam a impressão que recebe do horrível espetáculo que o aflige. Vê-se, com prazer, o autor de *A fábula das abelhas*[49], forçado a reconhecer o homem como um ser compassivo e sensível, abandonar, no exemplo que dá, o seu estilo frio e sutil, para oferecer-nos a imagem patética de um homem aprisionado que percebe, do lado de fora, um animal feroz arrancando um filho do seio de sua mãe, rompendo com os dentes mortíferos os seus frágeis membros e rasgando

---

48. "Maior proveito tiraram estes por ignorarem os vícios do que aqueles por conhecerem a virtude" (Justiniano, *História universal*, Livro II, 2). (N.T.)

49. MANDEVILLE, Bernard (1670-1733), escritor e médico holandês, radicado na Inglaterra, cujo poema *A fábula das abelhas* (1705) lhe trouxe grande renome. (N.T.)

com as unhas as entranhas palpitantes da criança. Que horrível agitação não experimenta essa testemunha de um evento pelo qual não nutre nenhum interesse pessoal! Que angústias não sofre diante dessa visão, por não poder prestar qualquer socorro à mãe desvanecida, nem à criança moribunda! Tal é o puro movimento da natureza, anterior a toda reflexão. Tal é a força da piedade natural, que os costumes mais depravados ainda encontram dificuldade em destruir, uma vez que se vê todos os dias, em nossos espetáculos, enternecer-se e chorar, diante das desgraças de um desafortunado, fulano que se estivesse no lugar do tirano agravaria ainda mais os tormentos de seu inimigo, tal como o sanguinário Sila, tão sensível aos males que não tinha causado, ou aquele Alexandre de Feras, que não ousava assistir à representação de nenhuma tragédia, temendo que o vissem sofrer com Andrômaca e Príamo, enquanto ouvia, sem emoção, os gritos de tantos cidadãos degolados todos os dias, por suas ordens.

Mollissima corda
Humano generi dare se natura fatetur
Quae lacrymas dedit.[50]

Mandeville percebeu bem que, com toda a sua moral, os homens não teriam passado de monstros, caso a natureza não lhes tivesse dado a piedade em apoio à razão; não viu, entretanto, que dessa única qualidade decorrem todas as virtudes sociais que quer contestar nos homens. Com efeito, o que são a generosidade, a clemência, a humanidade, senão a piedade aplicada aos fracos, aos culpados ou à espécie humana em geral? A benevolência e até mesmo a amizade são, no fim

---

50. "Ao dar-lhe lágrimas, a natureza revelou ter dado ao gênero humano corações muito brandos" (Juvenal, *Sátiras*, XV, 131). (N.T.)

das contas, produções de uma piedade constante, fixada sobre um projeto particular; pois desejar que alguém jamais sofra será algo diverso de desejar-lhe que seja feliz? Ainda que fosse verdade ser a comiseração apenas um sentimento que nos coloca no lugar daquele que sofre – sentimento obscuro e intenso no homem selvagem, desenvolvido, mas fraco no homem civil –, que importaria essa ideia à verdade do que vos digo, senão para conferir-lhe mais força? Com efeito, a comiseração será tanto mais enérgica quanto mais intimamente se identificar o animal espectador com o animal sofredor. Ora, é evidente que essa identificação deve ter sido infinitamente mais estreita no estado de natureza do que no estado de raciocínio. É a razão que gera o amor-próprio e é a reflexão que o fortalece; é ela que faz o homem voltar-se sobre si mesmo; é ela que o separa de tudo o que o incomoda e o aflige. É a filosofia que o isola; é por força dela que ele diz em segredo, à vista de um homem que sofre: "Morre, se quiseres; estou em segurança". Somente os perigos da sociedade inteira ainda perturbam o sono tranquilo do filósofo e o arrancam de seu leito. É possível degolar impunemente seu semelhante sob a sua janela, bastando-lhe colocar as mãos sobre as orelhas e argumentar um pouco, para impedir que a natureza, que se revolta nele, identifique-o com aquele que se assassina. O homem selvagem não possui esse admirável talento e, na ausência de sabedoria e razão, é sempre visto abandonando--se irrefletidamente ao primeiro sentimento de humanidade. Nos motins, nas querelas de rua, o populacho se reúne, o homem prudente se afasta; é a canalha, são as regateiras do mercado que separam os combatentes e impedem as pessoas honestas de degolarem-se umas às outras.

É, pois, certo que a piedade é um sentimento natural, que, moderando em cada indivíduo a atividade do amor de si próprio, concorre para a conservação mútua de toda a espécie. É ela que nos conduz, sem reflexão, ao socorro daqueles que vemos sofrer; é ela que, no estado de natureza, faz as vezes de leis, costumes e virtude, com a vantagem de que ninguém é tentado a desobedecer à sua doce voz; é ela que demoverá todo selvagem robusto de subtrair de uma criança frágil ou de um velho enfermo a sua subsistência adquirida com dificuldade, se ele mesmo espera poder encontrar a sua alhures; é ela que, em vez dessa máxima sublime de justiça razoada, *faz a outrem como desejas que façam a ti,* inspira a todos os homens essa outra máxima de bondade natural, muito menos perfeita, mas talvez mais útil do que a anterior, *faz o teu bem com o menor mal possível para outrem.* É, em uma palavra, antes nesse sentimento natural do que nos argumentos sutis que é preciso procurar a causa da repugnância que todo homem sente em malfazer, mesmo que independentemente das máximas da educação. Embora possa competir a Sócrates e aos espíritos de sua estirpe adquirir a virtude por meio da razão, há muito tempo que o gênero humano não existiria mais, tivesse a sua conservação dependido unicamente dos raciocínios daqueles que o integram.

Com paixões tão pouco ativas e um freio tão salutar, os homens, mais ferozes do que maus e mais preocupados em proteger-se do mal que podiam receber do que tentados a fazê--lo a outrem, não estavam sujeitos a disputas muito perigosas. Como não realizavam entre si qualquer espécie de comércio, como não conheciam, portanto, nem a vaidade, nem a consideração, nem a estima, nem o desprezo, como não possuíam a menor noção do teu e do meu, nem qualquer ideia verdadeira de justiça, como encaravam as violências que podiam sofrer como um mal fácil de consertar e não como uma injúria, que se deve punir, e como sequer pensavam na vingança, a não ser instintiva e imediatamente, como o cão que morde a pedra que se lhe atira, suas disputas raramente teriam tido consequências sangrentas, caso não tivessem assunto mais sensível que o alimento. Mas vejo outro mais perigoso, de que me resta falar.

Entre as paixões que agitam o coração do homem, existe uma, ardente, imperiosa, que torna um sexo necessário ao outro, paixão terrível, que enfrenta todos os perigos, derruba todos os obstáculos e que, em seus furores, parece própria a destruir o gênero humano, que se destina a conservar. Em que se transformarão os homens, expostos a essa raiva desenfreada e brutal, sem pudor, sem moderação e disputando, a cada dia, seus amores ao preço de seu sangue? É preciso convir, primeiramente, que quanto mais violentas as paixões, mais as leis são necessárias para contê-las. Mas, além de as desordens e os crimes que tais paixões causam todos os dias entre nós revelar o bastante as insuficiências das leis a esse respeito, caberia ainda examinar se essas desordens já não nasceram com as próprias leis, pois, nesse caso, ainda que estas fossem capazes de reprimi-las, seria o mínimo a ser exigido que detivessem um mal que não existiria sem elas.

Comecemos por distinguir o moral do físico no sentimento do amor. O físico é esse desejo geral que leva um sexo a unir-se a outro. O moral é o que determina esse desejo e o fixa exclusivamente em um único objeto, ou que, ao menos, confere-lhe, para esse objeto preferido, um maior grau de energia. Ora, é fácil ver que o elemento moral do amor é um sentimento factício, nascido do costume da sociedade e celebrado pelas mulheres, com muita habilidade e cuidado, para estabelecer o seu império e tornar dominante o sexo que deveria obedecer. Estando fundado em certas noções de mérito ou de beleza que um selvagem não é capaz de possuir e em comparações que não é capaz de fazer, esse sentimento deve ser quase nulo para ele, pois, como seu espírito não pode formar ideias abstratas de regularidade e de proporção, seu coração tampouco é suscetível de sentimentos de admiração e de amor, que, mesmo sem que se perceba, nascem da aplicação dessas ideias; ouve unicamente o temperamento que recebeu da natureza e não o gosto que não pôde adquirir, sendo, assim, toda mulher boa para ele.

Limitados unicamente ao aspecto físico do amor e felizes o bastante para ignorar essas preferências que lhe enervam o sentimento e lhe aumentam as dificuldades, os homens devem sentir menos frequente e intensamente os ardores do temperamento e, por conseguinte, ter entre si disputas mais raras e menos cruéis. A imaginação, que comete tantos estragos entre nós, jamais se dirige a corações selvagens; cada um espera de forma tranquila o impulso da natureza, abandonando-se a ele, sem escolha, com mais prazer do que furor e, satisfeita a necessidade, extingue-se todo o desejo.

É, pois, algo incontestável que, assim como todas as outras paixões, até mesmo o amor adquiriu somente na sociedade esse ardor impetuoso que o torna tão frequentemente funesto aos homens, e tanto é ridículo representar os selvagens degolando-se uns aos outros de maneira contínua, para saciar a sua brutalidade, que essa opinião é diretamente contrária à experiência e que os caraíbas, aquele dentre todos os povos existentes que até agora menos se afastou da natureza, são os mais tranquilos nos seus amores e os menos sujeitos ao ciúme, muito embora vivam sob um clima incandescente, que parece sempre conferir a essas paixões uma maior atividade.

Quanto às induções que se poderiam tirar, em várias espécies de animais, dos combates dos machos que sempre ensanguentam nossos celeiros ou que, na primavera, ao disputarem a fêmea, fazem nossas florestas retumbar seus gritos, é preciso começar por excluir todas as espécies em que a natureza manifestamente estabeleceu, no poder relativo dos sexos, relações diferentes das nossas; assim, os combates de galos não formam uma indução para a espécie humana. Nas espécies em que a proporção é mais bem observada, esses combates somente podem ter por causas a raridade das fêmeas em relação ao número de machos ou os intervalos exclusivos durante os quais a fêmea recusa constantemente a aproximação do macho, o que remete à primeira causa, já que, se cada fêmea tolera o macho durante apenas dois meses do ano, é como se, a esse respeito, o número de fêmeas fosse cinco sextos menor.

Ora, nenhum desses dois casos é aplicável à espécie humana, na qual o número de fêmeas geralmente ultrapassa o dos machos e na qual jamais se observou, mesmo entre os selvagens, que as fêmeas tivessem, assim como entre as outras espécies, períodos de cio e de isolamento. Ademais, entre muitos desses animais, por entrar toda a espécie em efervescência ao mesmo tempo, advém um momento terrível de ardor comum, de tumulto, de desordem e de combate: momento que não existe para a espécie humana, na qual o amor nunca é periódico. Logo, não se pode concluir dos combates de certos animais pela posse das fêmeas que a mesma coisa aconteceria com o homem no estado de natureza e, ainda que se pudesse chegar a essa conclusão, como essas dissenções de modo algum destroem as outras espécies, deve-se pensar, ao menos, que não seriam mais funestas à nossa. E é muito evidente que elas causariam, nesse caso, estragos ainda menores do que na sociedade, sobretudo nos lugares onde, tendo os costumes ainda alguma importância, o ciúme dos amantes e a vingança dos esposos causam, a cada dia, duelos, homicídios e coisas ainda piores, onde o dever de uma eterna fidelidade serve apenas para cometer adultérios, e as próprias leis da continência e da honra estendem necessariamente o deboche e multiplicam os abortos.

Concluamos que, vagando pelas florestas, sem indústria, sem palavra, sem domicílio, sem guerra e sem laços, sem necessidade alguma de seus semelhantes, assim como sem qualquer desejo de prejudicá-los, talvez sem jamais reconhecer algum deles individualmente, o homem selvagem, sujeito a poucas paixões e bastando a si mesmo, possuía somente os sentimentos e as luzes próprias desse estado; sentia apenas as suas verdadeiras necessidades; via apenas o que acreditava ter interesse em ver, não fazendo sua inteligência mais progressos do que sua vaidade. Se, por acaso, fazia alguma descoberta, não podia comunicá-la, pois sequer reconhecia seus filhos. A arte morria com o inventor. Não havia nem educação, nem progresso; as gerações se multiplicavam inutilmente e, partindo cada um sempre do mesmo ponto, os séculos transcorriam na mesma grosseria das primeiras épocas; a espécie já era velha e o homem ainda permanecia criança.

Se tanto me estendi sobre a suposição dessa condição primitiva, é que, tendo antigos erros e preconceitos inveterados para destruir, acreditei dever escavar até a raiz e mostrar, no quadro do verdadeiro estado de natureza, o quanto a desigualdade, mesmo natural, está longe de ter, nesse estado, a mesma realidade e influência que pretendem nossos escritores.

Com efeito, é fácil ver que, entre as diferenças que distinguem os homens, muitas passam por naturais, quando são unicamente obra do hábito e dos diversos gêneros de vida que os homens adotam na sociedade. Dessa forma, um temperamento robusto ou delicado, assim como a força ou a fraqueza que dele decorre, advém com frequência mais da maneira dura ou efeminada pela qual se foi educado do que da constituição primitiva do corpo. O mesmo ocorre com as forças do espírito; e a educação não somente introduz diferença entre os espíritos cultos e os que não o são, como aumenta, em proporção à cultura, a que existe entre os primeiros, pois, caminhando um gigante e um anão pela mesma estrada, cada passo que derem, tanto um quanto o outro, conferirá nova vantagem ao gigante. Ora, comparando-se a diversidade prodigiosa de educação e de gênero de vida que reina nas diferentes ordens do estado civil com a simplicidade e a uniformidade da vida animal e selvagem, na qual todos se nutrem dos mesmos alimentos, vivem da mesma maneira e fazem exatamente as mesmas coisas, compreender-se-á o quanto a diferença de um homem para outro deve ser menor no estado de natureza do que no de sociedade, e o quanto a desigualdade natural deve aumentar na espécie humana por meio da desigualdade de instituição.

Mas, ainda que a natureza atribuísse, na distribuição de seus dons, tantas preferências quanto se pretende, que vantagem extrairiam disso os mais favorecidos, em prejuízo dos demais, em um estado de coisas que não admitiria quase nenhum tipo de relação entre eles? E onde não existe amor algum, de que servirá a beleza? De que serve o espírito a pessoas que não falam, e a astúcia àqueles que não possuem negócios? Sempre ouço dizer que os mais fortes oprimirão os mais fracos. Mas que me seja explicado o que se quer dizer com essa palavra opressão. Alguns dominarão com violência; outros serão submetidos a todos os seus caprichos e sofrerão. Eis precisamente o que observo entre nós, mas não vejo como se poderia dizer isso dos homens selvagens, a quem seria até mesmo bastante difícil fazer entender o que é servidão e dominação. Um homem poderá muito bem se apossar dos frutos que outro colheu, da caça que matou, do antro que lhe servia de asilo, mas como conseguirá jamais se fazer obedecer por ele? E quais poderão ser as correntes da dependência entre homens que nada possuem? Se me expulsam de uma árvore, vejo-me livre para buscar outra; se me atormentam em um lugar, o que me impedirá de deixá-lo? Se houver um homem de força superior o bastante à minha e, além disso, depravado o bastante, preguiçoso o bastante e feroz o bastante para obrigar-me a prover à sua subsistência enquanto se mantém ocioso, será preciso que se resolva a não perder-me de vista por um instante sequer, a manter-me amarrado com grande cuidado durante o seu sono, temendo que eu fuja ou o mate; ou seja, é obrigado a expor-se voluntariamente a um tormento muito maior do que o que deseja evitar e até mesmo do que aquele que inflige a mim. Após tudo isso, sua vigilância afrouxa por um instante, um barulho imprevisto faz com que desvie a cabeça, faço vinte passos floresta adentro, minhas correntes são rompidas e nunca mais tornará a me ver.

Sem prolongar inutilmente esses detalhes, cada qual deve ver que, sendo os laços da servidão formados apenas pela dependência mútua dos homens e pelas necessidades recíprocas que os unem, é impossível subjugar um homem, sem antes tê-lo colocado em situação de não poder privar-se de outro, situação que, não existindo no estado de natureza, deixa cada um livre do jugo e torna vã a lei do mais forte.

Depois de ter provado que a desigualdade mal é perceptível no estado de natureza e que, nele, a sua influência é quase nula, resta-me mostrar a sua origem e seus progressos nos desenvolvimentos sucessivos do espírito humano. Depois de ter mostrado que a *perfectibilidade*, as virtudes sociais e as demais faculdades que o homem natural havia potencialmente recebido não podiam jamais se desenvolver por si próprias e que precisavam, para isso, do concurso fortuito das várias causas estrangeiras, que podiam jamais ter existido e sem as quais teria permanecido eternamente na sua condição primitiva, resta-me considerar e relacionar os diferentes acasos que puderam aperfeiçoar a razão humana deteriorando a espécie, tornar mau um ser ao fazê-lo sociável e, assim, de maneira tão distante, conduzir finalmente o homem e o mundo ao ponto em que os vemos.

Admito que, podendo os eventos que tenho a descrever ter acontecido de várias maneiras, não pude decidir-me sobre a escolha a não ser por conjecturas. Mas, além de tais conjecturas tornarem-se razões quando são as mais prováveis que se possam extrair da natureza das coisas e os únicos meios que se possam ter para descobrir a verdade, as consequências que quero deduzir das minhas não serão, por esse motivo, conjecturais, pois, com base nos princípios que acabo de estabelecer, não se poderia formar nenhum outro sistema que me fornecesse os mesmos resultados e do qual pudesse extrair as mesmas conclusões.

Isso vai me dispensar de estender minhas reflexões sobre a maneira pela qual o lapso de tempo compensa a pouca verossimilhança dos eventos; sobre a surpreendente potência das causas muito leves, quando agem sem descanso; sobre a impossibilidade de, por um lado, destruírem-se certas hipóteses, estando-se, por outro, na incapacidade de conferir-lhes o grau de certeza dos fatos; sobre como, devendo dois fatos, dados como reais, ser unidos por uma sequência de fatos intermediários, desconhecidos ou vistos como tais, cabe à história, quando se a tem, dar os fatos que os unem ou, na sua ausência, à filosofia determinar os fatos semelhantes que podem uni-los; enfim, sobre como, em matéria de eventos, a semelhança reduz os fatos a um número muito menor de classes diferentes do que se imagina. Basta-me oferecer esses objetos à consideração de meus juízes; basta-me ter agido de modo que não tivessem os leitores vulgares necessidade de considerá-los.

SEGUNDA PARTE

O primeiro que, após cercar um terreno, atreveu-se a dizer *isto é meu* encontrou pessoas simples o suficiente para crê-lo e foi o verdadeiro fundador da sociedade civil. Quantos crimes, guerras, homicídios, quantas misérias e horrores não teria evitado ao gênero humano aquele que, arrancando as estacas e enchendo o fosso, tivesse gritado aos seus semelhantes: "Abstende-vos de escutar esse impostor; estais perdidos se esqueceis de que os frutos são de todos e que a terra não é de ninguém!". Mas há uma grande probabilidade de que as coisas já haviam, então, chegado ao ponto de não poderem mais permanecer tal como eram, pois essa ideia de propriedade, dependendo de muitas outras anteriores, que somente puderam nascer sucessivamente, não se formou de repente no espírito humano; foi necessário fazer muitos progressos, adquirir muita indústria e luzes, transmiti-las e aumentá-las de uma época para a outra, antes de se chegar a esse último termo do estado de natureza. Remontemos, portanto, a tempos mais distantes[51] e procuremos reunir, sob um único ponto de vista, essa lenta sucessão de eventos e de conhecimentos na sua ordem mais natural.

O primeiro sentimento do homem foi o de sua existência, seu primeiro cuidado o de sua conservação. As produções da terra lhe forneciam todos os socorros necessários; o instinto o levou a utilizar-se delas. Se a fome, assim como outros apetites, o fazia experimentar alternadamente diversos modos de existir, houve um que o convidou a perpetuar a sua espécie, e essa inclinação cega, desprovida de qualquer

---

51. Do francês: *Reprenons donc les choses de plus haut*. A expressão *reprendre de plus haut* significa contar uma história a partir de um ponto mais distante no tempo, no intuito de tornar a narrativa mais clara. (N.T.)

sentimento do coração, produzia apenas um ato[52] puramente animal: satisfeita a necessidade, os dois sexos não se reconheciam mais e até mesmo o filho nada mais significava para a mãe, tão logo pudesse privar-se dela.

Foi essa a condição do homem nascente; foi essa a vida de um animal limitado inicialmente às sensações puras e que, mal aproveitando os dons que lhe oferecia a natureza, estava longe de pensar em arrancar-lhe algo. Mas logo surgiram as dificuldades e foi preciso aprender a vencê-las: a altura das árvores, que o impedia de alcançar os seus frutos; a concorrência dos animais, que procuravam alimentar-se deles; a ferocidade daqueles que almejavam a sua própria vida; tudo o obrigava a dedicar-se aos exercícios do corpo. Foi preciso tornar-se ágil, rápido na corrida, vigoroso no combate. As armas naturais, que são os galhos de árvores e as pedras, logo se encontraram em sua mão. Aprendeu a superar os obstáculos da natureza, a combater, quando necessário, os outros animais, a disputar a sua subsistência com os próprios homens ou a compensar o que era necessário ceder ao mais forte.

À medida que se estendeu o gênero humano, as dificuldades se multiplicaram com os homens. A diferença dos terrenos, dos climas, das estações pôde forçá-los a introduzi-la em seu modo de viver. Anos estéreis, invernos longos e rudes, assim como verões ardentes, que tudo consomem, exigiram deles uma nova indústria. Ao longo do mar e dos rios, inventaram a linha e o anzol e tornaram-se pescadores

---

52. Algumas edições em francês trazem a palavra *pacte* (pacto) no lugar de *acte* (ato), problema que se reproduz em muitas traduções da obra. Note-se que Louis-Bertrand Castel, ao comentar o *Discurso*, em texto publicado em 1756, fala em *acte purement animal* (ato puramente animal) (cf. *L'Homme moral opposé à l'homme physique de Monsieur R****. *Lettres philosophiques où l'on réfute le Déisme du jour*. Toulouse: [s.n.], 1756. p. 74). (N.T.)

e ictiófagos[53]. Nas florestas, fizeram arcos e flechas e tornaram-se caçadores e guerreiros. Nas regiões frias, cobriram-se com as peles dos animais que haviam matado. O trovão, um vulcão ou um feliz acaso qualquer fez com que conhecessem o fogo, novo recurso contra o rigor do inverno; aprenderam a conservar esse elemento, para, em seguida, reproduzi-lo e, por fim, preparar com ele as carnes que antes devoravam cruas.

Essa dedicação reiterada dos diferentes seres a si mesmos, ou de uns aos outros, acabou, naturalmente, gerando no espírito humano as percepções de certas proporções. Essas relações que expressamos por meio das palavras: grande, pequeno, forte, fraco, veloz, lento, medroso, ousado e outras ideias semelhantes, comparadas diante da necessidade e quase sem pensar nisso, finalmente produziram nele uma espécie de reflexão, ou melhor, uma prudência maquinal que lhe indicava as precauções mais necessárias à sua segurança.

As novas luzes que resultaram desse desenvolvimento aumentaram a sua superioridade sobre os outros animais, dando-lhe conhecimento dela. Empenhou-se em preparar-lhes armadilhas, enganou-os de mil maneiras e, embora outros o superassem em força no combate ou em rapidez na corrida, quanto aos que podiam servi-lo ou prejudicá-lo, tornou-se, com o tempo, senhor de uns e flagelo dos outros. É assim que o primeiro olhar que projetou sobre si mesmo lhe produziu o primeiro impulso de orgulho; é assim que, mal sabendo ainda distinguir as posições e vendo-se na primeira delas em razão de sua espécie, preparava-se a pretender a ela como indivíduo.

Embora não fossem seus semelhantes para ele o que são para nós e não tivesse mais comércio com eles do que com os

---

53. A palavra *ictiófagos* designa animais carnívoros, cuja dieta é essencialmente composta de peixes. (N.T.)

outros animais, não foram aqueles esquecidos nas suas observações. As conformidades que o tempo pôde fazê-lo perceber entre eles, sua fêmea e ele próprio, fizeram-no apreciar o que não percebia e, vendo que se conduziam todos como teria feito em circunstâncias semelhantes, concluiu que a sua maneira de pensar e de sentir era inteiramente conforme à sua. E essa importante verdade, bem estabelecida em seu espírito, fê-lo seguir, por um pressentimento tão seguro quanto a dialética, e mais ligeiro do que ela, as melhores regras de conduta que, para sua vantagem e segurança, conveio-lhe observar para com eles.

Instruído, pela experiência, de ser o amor do bem-estar o único móvel das ações humanas, viu-se capaz de distinguir as raras ocasiões em que o interesse comum devia levá-lo a contar com a assistência de seus semelhantes e aquelas, ainda mais raras, em que a concorrência devia levá-lo a desconfiar deles. No primeiro caso, unia-se a eles em bando ou, no máximo, em alguma espécie de associação livre, que não obrigava a ninguém e que só durava tanto quanto a necessidade passageira que a tinha formado. No segundo, cada um procurava tomar suas vantagens, seja à viva força, quando acreditava poder fazê-lo, seja com destreza e sutileza, quando acreditava ser o mais fraco.

Eis como puderam os homens adquirir insensivelmente alguma ideia grosseira das obrigações mútuas e das vantagens em cumpri-las, mas somente tanto quanto podia exigir o interesse presente e sensível, pois a previdência nada era para eles e, longe de ocupar-se de um futuro distante, sequer pensavam no dia seguinte. Quando se tratava de apanhar um cervo, cada qual sentia que, para isso, devia manter-se fielmente em seu posto, mas se uma lebre viesse a passar ao alcance de um deles, não se deve duvidar de que a perseguiria sem escrúpulos e que, atingindo a sua presa, pouco se importaria em fazer com que seus companheiros perdessem a deles.

É fácil compreender que um comércio semelhante não exigia uma linguagem muito mais refinada do que a das gralhas ou dos macacos, que se reúnem quase do mesmo modo.

Gritos inarticulados, muitos gestos e alguns ruídos imitativos devem ter composto, durante muito tempo, a língua universal; juntando-se a isso, em cada região, alguns sons articulados e convencionais, cuja instituição, como já disse, não é muito fácil explicar, surgiram línguas particulares, mas grosseiras, imperfeitas e mais ou menos como as que possuem ainda hoje diversas nações selvagens.

Percorro como um raio multidões de séculos, forçado pelo tempo que se esgota, pela abundância das coisas que tenho a dizer e pelo progresso quase insensível dos primórdios, pois quanto mais lentos eram os eventos em suceder-se, mais brevemente podiam ser descritos.

Esses primeiros progressos colocaram, por fim, ao alcance do homem fazer outros mais rápidos. Quanto mais o espírito se esclarecia, mais a indústria se aperfeiçoava. Logo, quando deixou de adormecer sob a primeira árvore ou de recolher-se em cavernas, encontraram-se alguns tipos de machados de pedras duras e cortantes, que serviram para cortar lenha, cavar a terra e construir choupanas de ramagens, que se tratou, em seguida, de revestir com argila e lama. Foi essa a época de uma primeira revolução, que promoveu o estabelecimento e a distinção das famílias, e introduziu uma espécie de propriedade, da qual já nasceram muitas querelas e combates. Entretanto, como os mais fortes provavelmente foram os primeiros a fazer para si moradias que se sentiam capazes de defender, presume-se que os fracos pensaram ser mais rápido e mais seguro imitá-los do que tentar desalojá-los, e quanto aos que já possuíam cabanas, nenhum deles deve ter procurado apropriar-se da de seu vizinho, menos por não pertencer-lhe do que por ser-lhe inútil e por não poder tomá-la para si, sem se expor a um combate muito intenso com a família que a ocupava.

Os primeiros desenvolvimentos do coração foram o resultado de uma situação nova que reunia, em uma habitação comum, os maridos e as mulheres, os pais e os filhos. O hábito de viverem juntos fez com que nascessem os mais doces sentimentos conhecidos entre os homens: o amor conjugal e o amor paterno. Cada família se tornou uma pequena sociedade, ainda mais unida por serem a afeição recíproca e a liberdade os seus únicos laços, e foi então que se estabeleceu a primeira diferença no modo de viver dos dois sexos, que até então só conheciam um. As mulheres se tornaram mais sedentárias e se acostumaram a guardar a cabana e os filhos, enquanto o homem ia procurar a subsistência comum. Os dois sexos também começaram, por conta de uma vida um pouco mais branda, a perder algo de sua ferocidade e de seu vigor. Mas, se cada um se tornou, separadamente, menos apto a combater os animais selvagens, foi, em compensação, mais fácil reunirem-se para resistir em conjunto.

Nesse novo estado, com uma vida simples e solitária, necessidades muito limitadas e os instrumentos que tinham inventado para atendê-las, os homens, gozando um grande lazer, empregaram-no para obter vários tipos de comodidades desconhecidas de seus pais. Foi esse o primeiro jugo que irrefletidamente impuseram a si mesmos e a primeira fonte de males que prepararam para seus descendentes, pois, além de assim continuarem a amolecer o corpo e o espírito, tendo essas comodidades perdido, com o hábito, quase toda a sua graça e degenerado, ao mesmo tempo, em verdadeiras necessidades, a privação delas tornou-se muito mais cruel do que era agradável a sua posse, e os homens se tornaram infelizes ao perdê-las, sem se sentirem felizes por possuí-las.

Pode-se, aqui, entrever um pouco melhor como o uso da palavra se estabeleceu ou se aperfeiçoou insensivelmente no seio de cada família e pode-se ainda conjecturar como diversas causas particulares puderam estender a linguagem e acelerar o seu progresso, tornando-a mais necessária. Grandes inundações ou terremotos cercaram de água ou de precipícios cantões habitados; revoluções do globo destacaram e cortaram em ilhas porções do continente. Concebe-se que, entre homens tão próximos e forçados a viver juntos, teve de formar-se um idioma comum, antes do que entre os que erravam livremente pelas florestas da terra firme. Assim, é possível que, depois de suas primeiras tentativas de navegação, alguns insulares tenham levado a nós o uso da palavra e é, ao menos, muito provável que a sociedade e as línguas tenham nascido nas ilhas e se aperfeiçoado nelas, antes de serem conhecidas no continente.

Tudo começa a mudar de figura. Até então errando pelos bosques, os homens, por assumirem uma situação mais fixa, aproximam-se lentamente, reúnem-se em diferentes bandos e formam, por fim, em cada região, uma nação particular, unida por costumes e caracteres, não por regulamentos e leis, mas pelo mesmo gênero de vida e de alimentos e pela influência comum do clima. Uma vizinhança permanente não pode, afinal, deixar de gerar alguma ligação entre as diversas famílias. Jovens de sexos diferentes habitam cabanas vizinhas; o comércio passageiro, que exige a natureza, logo acarreta outro, não menos suave e mais permanente, pela frequentação mútua. Acostuma-se a considerar diferentes objetos e a fazer comparações; adquirem-se insensivelmente ideias de mérito e de beleza, que produzem sentimentos de preferência. De tanto se verem, os homens não podem mais deixar de se encontrar. Um sentimento terno e suave se insinua na alma e, diante da menor oposição, transforma-se em furor impetuoso: o ciúme desperta com o amor, a discórdia triunfa, e a mais doce das paixões recebe sacrifícios de sangue humano.

À medida que as ideias e os sentimentos se sucedem, e que o espírito e o coração se exercitam, o gênero humano continua a amansar-se, as ligações se estendem e os laços se estreitam. Adquiriu-se o costume de reunir-se diante das cabanas ou em volta de uma grande árvore; o canto e a dança, verdadeiros filhos do amor e do lazer, tornaram-se o divertimento, ou melhor, a ocupação dos homens e mulheres ociosos agrupados. Cada qual começou a olhar os demais e também a querer ser olhado, e a estima pública teve um preço. Aquele que cantava ou dançava melhor, o mais belo, o mais forte, o mais hábil ou o mais eloquente, tornou-se o mais estimado e foi esse o primeiro passo rumo à desigualdade e, ao mesmo tempo, rumo ao vício; dessas primeiras preferências nasceram, por um lado, a vaidade e o desprezo e, por outro, a vergonha e a inveja, e a fermentação causada por essas novas leveduras produziu, por fim, compostos funestos à felicidade e à inocência.

Tão logo os homens começaram a apreciar-se mutuamente, formou-se, em seu espírito, a ideia de estima. Cada um pretendeu ter direito a ela e não foi mais possível faltar impunemente com ela a ninguém. Saíram daí os primeiros deveres de civilidade, mesmo entre os selvagens, e, com isso, toda falta voluntária se transformou em uma afronta, pois, no mal que resultava da injúria, o ofendido via o desprezo de sua pessoa, muitas vezes mais insuportável que o mal em si. É assim que, cada um punindo, de maneira proporcionada ao apreço que tinha por si mesmo, o desprezo que se lhe testemunhara, as vinganças tornaram-se terríveis, e os homens sanguinários e cruéis. Eis precisamente o grau a que tinha chegado a maioria dos povos selvagens que nos são conhecidos. E é por não ter distinguido suficientemente as ideias e notado o quanto esses povos já estavam longe do primeiro estado de natureza, que muitos se apressaram em concluir que o homem é naturalmente cruel e que necessita de polícia para ser abrandado, ao passo que nada é tão brando nele quanto o seu estado primitivo, no qual, situado pela natureza a igual distância da estupidez dos brutos e das luzes funestas do homem civil, e igualmente limitado pelo instinto e pela razão a proteger-se do mal que o ameaça, vê-se impedido pela piedade natural de fazer, por si próprio, mal a alguém, sem a isso ser levado por alguma coisa, mesmo depois de ter sofrido algum mal. Pois, segundo o axioma do sábio Locke[54], "não poderia haver injúria onde não existe propriedade".

Mas é preciso observar que a sociedade iniciada e as relações já estabelecidas entre os homens exigiam deles qualidades diferentes das que deviam à sua constituição primitiva. Começando a moralidade a introduzir-se nas ações humanas e sendo cada um, diante das leis, juiz e vingador único das ofensas recebidas, a bondade conveniente ao estado puro de natureza não era mais a que convinha à sociedade nascente. Era necessário que as punições se tornassem mais severas à medida que as ocasiões de ofender se tornavam mais frequentes e cabia ao terror das vinganças fazer as vezes de freio das leis. Assim, embora os homens tivessem se tornado menos tolerantes e a piedade natural já tivesse sofrido alguma alteração, esse período de desenvolvimento das faculdades humanas, mantendo um justo meio entre a indolência do estado primitivo e atividade petulante de nosso amor-próprio, deve ter sido a época mais feliz e duradoura. Quanto mais se reflete sobre isso, mais se acredita que esse estado era o menos sujeito às revoluções, o melhor para o homem (16), e que este deve tê-lo deixado somente por algum acaso funesto que, para a utilidade comum, jamais deveria ter ocorrido. O exemplo dos selvagens, que foram quase todos encontrados nesse estado, parece confirmar que o gênero humano era feito para nele sempre permanecer, que esse estado é a

---

54. John Locke (1632-1704), um dos mais importantes filósofos ingleses e teóricos do contratualismo, cujas bases encontram-se expostas em sua obra mais influente, *Two treatises of the government* (Dois tratados sobre o governo, 1689). (N.T.)

verdadeira juventude do mundo e que todos os progressos posteriores constituíram, aparentemente, outros tantos passos rumo à perfeição do indivíduo e, na verdade, rumo à decrepitude da espécie.

Enquanto se contentaram os homens com suas cabanas rústicas, enquanto se limitaram a costurar suas roupas de peles com abrolhos ou espinhas, a enfeitar-se com penas e conchas, a pintar o corpo de várias cores, a aperfeiçoar ou embelezar os seus arcos e flechas, a talhar com pedras cortantes algumas canoas de pescadores ou alguns instrumentos grosseiros de música; enquanto se aplicaram somente a obras que apenas um podia realizar e a artes que não exigiam o concurso de várias mãos, viveram tão livres, sãos, bons e felizes quanto o podiam ser por sua natureza, e continuaram a gozar entre si as doçuras de um comércio independente. Mas, a partir do instante em que um homem teve necessidade do socorro de outro, assim que se percebeu que era útil a um único ter provisões para dois, a igualdade desapareceu, a propriedade se introduziu, o trabalho se tornou necessário e as vastas florestas se transformaram em campos risonhos, onde foi necessário regar com o suor dos homens e nos quais logo se viu a escravidão e a miséria germinarem e crescerem com as colheitas.

A metalurgia e a agricultura foram as duas artes cuja invenção produziu essa grande revolução. Para o poeta, foram o ouro e o dinheiro, mas para o filósofo foram o ferro e o trigo que civilizaram os homens e perderam o gênero humano. Tanto um como o outro eram desconhecidos dos selvagens da América, que, por esse motivo, mantiveram-se sempre como tais. Os outros povos até parecem ter permanecido bárbaros enquanto praticaram uma dessas artes, mas não a outra. E talvez uma das melhores razões pelas quais a Europa foi, senão mais cedo, pelo menos mais constantemente e melhor policiada do que as outras partes do mundo, resida em ser ela, ao mesmo tempo, a mais abundante em ferro e a mais fértil em trigo.

É muito difícil conjecturar como os homens chegaram a conhecer e a empregar o ferro, pois não é crível que tenham imaginado, por si sós, tirar a matéria da mina e submetê-la aos preparos necessários para colocá-la em fusão, antes de saber o que resultaria disso. Por outro lado, pode-se ainda menos atribuir essa descoberta a algum incêndio acidental, pois as minas não se formam senão em locais áridos e desprovidos de árvores e de plantas, de modo que parece que a natureza tinha tomado precauções para ocultar-nos esse segredo fatal. Resta, portanto, apenas a circunstância extraordinária de algum vulcão que, vomitando matérias metálicas em fusão, deu aos observadores a ideia de imitar essa operação da natureza; mas ainda assim seria necessário supor-lhes muita coragem e previdência para empreender um trabalho tão penoso e considerar, de tão longe, as vantagens que dele poderiam extrair; o que não convém senão a espíritos mais exercitados do que deviam ser esses.

Quanto à agricultura, o princípio já era conhecido muito antes de ser a prática estabelecida e é absolutamente impossível que os homens, sempre ocupados em extrair a sua subsistência das árvores e das plantas, não tenham rapidamente tido a ideia das vias que a natureza emprega para a geração dos vegetais. Mas a sua indústria provavelmente somente se voltou muito mais tarde para esse lado, seja porque as árvores, que, ao lado da caça e da pesca, forneciam o seu alimento, não precisavam de seus cuidados, seja por não conhecerem o uso do trigo, por falta de instrumento para cultivá-lo, por falta de previdência para a necessidade vindoura, seja, por fim, por falta de meios de impedir os outros de se apropriar do fruto de seu trabalho. Pode-se acreditar que, tornando-se mais industriosos, começaram, com pedras agudas e bastões pontudos, por cultivar alguns legumes ou raízes em volta de suas cabanas, muito antes de saberem preparar o trigo e de terem os instrumentos necessários para a cultura em grande escala. E isso sem contar que, para dedicar-se a essa ocupação e semear as terras, foi preciso aceitar perder alguma coisa para, em seguida, ganhar mais, precaução muito distante do modo de pensar do homem selvagem, que, como disse, encontrava muita dificuldade em ocupar-se, de manhã, das necessidades da noite.

A invenção de outras artes foi, portanto, necessária para forçar o gênero humano a dedicar-se à agricultura. Assim que se fizeram necessários homens para fundir e forjar o ferro, foram precisos outros para alimentá-los. Quanto mais veio a multiplicar-se o número de operários, tanto menos eram as mãos empregadas para atender à subsistência comum, sem que houvesse menos bocas para consumi-la, e, como, para uns, eram necessários víveres em troca de seu ferro, outros encontraram, por fim, o segredo de empregar o ferro na multiplicação dos víveres. Com isso, nasceram, por um lado, a lavra e a agricultura e, por outro, a arte de trabalhar os metais e de multiplicar os seus usos.

Da cultura das terras resultou necessariamente a sua partilha, e da propriedade as primeiras regras de justiça, pois, para dar a cada um o que era seu, foi preciso que cada qual pudesse ter alguma coisa; além disso, por começarem os homens a projetar suas vistas no futuro e vendo-se todos com alguns bens a serem perdidos, não havia um sequer que não tivesse a temer para si a represália aos danos que podia causar a outrem. Essa origem é tanto mais natural quanto é impossível conceber a ideia da propriedade nascendo de algo que não a mão de obra, pois não se vê o que, para apropriar-se das coisas que não fez, pode o homem acrescentar-lhes, além de seu trabalho. É unicamente o trabalho que, dando ao cultivador o direito sobre o produto da terra que lavrou, confere-lhe, por conseguinte, outro sobre o solo, ao menos até a colheita, e assim, de ano em ano, constituindo-se uma posse contínua, esta se transforma tranquilamente em propriedade. Quando os antigos, diz Grócio[55], deram a Ceres o epíteto de legisladora e a uma festa celebrada em sua honra o nome de Tesmofória[56], pretenderam, com isso, que a partilha das terras produzisse uma nova espécie de direito, isto é, o direito de propriedade, diferente daquele que resultava da lei natural.

As coisas, nesse estado, poderiam ter permanecido iguais se os talentos tivessem sido iguais e se, por exemplo, o emprego do ferro e o consumo dos víveres tivessem sempre gerado uma balança exata, mas a proporção, que nada mantinha, logo foi rompida; o mais forte realizava mais trabalho; o mais hábil tirava melhor partido; o mais engenhoso encontrava meios de abreviar o trabalho; o lavrador tinha mais necessidade de ferro, ou o ferreiro mais necessidade de trigo e, trabalhando igualmente, um ganhava muito, enquanto o outro sofria para viver. É assim que a desigualdade natural se desenvolveu insensivelmente com aquela resultante de combinação e que as diferenças entre os homens, desenvolvidas pelas circunstâncias, tornaram-se mais sensíveis, mais permanentes nos seus efeitos e começaram a influir, na mesma proporção, sobre a sorte dos particulares.

Tendo as coisas chegado a esse ponto, é fácil imaginar o resto. Não me deterei a descrever a invenção sucessiva das outras artes, o progresso das línguas, o ensaio e o emprego dos talentos, a desigualdade das fortunas, o uso ou o abuso

---

55. Hugo Grócio, ou Grotius (1583-1645), jurista e filósofo, conhecido por ser um dos precursores teóricos do direito internacional. Sua principal obra, *De iure belli ac pacis* (Das leis de guerra e paz, 1625), desenvolve os conceitos de *direito natural* e de *guerra justa*. (N.T.)

56. Ceres era a deusa romana da agricultura. A Tesmofória era uma das festividades realizadas em sua honra, que consistia em um ritual de fertilidade agrícola. (N.T.)

das riquezas, nem todos os detalhes que os seguem e que cada um pode facilmente suprir. Vou me limitar apenas a lançar um olhar sobre o gênero humano, situado nessa nova ordem de coisas.

Eis, portanto, todas as nossas faculdades desenvolvidas, a memória e a imaginação em ação, o amor-próprio interessado, a razão tornada ativa e o espírito tendo quase alcançado o termo da perfeição, de que é suscetível. Eis todas as qualidades naturais postas em ação, a posição e a sorte de cada homem estabelecidas, não apenas sobre a quantidade de bens e o poder de servir ou de prejudicar, mas sobre o espírito, a beleza, a força ou a destreza, sobre o mérito ou os talentos e, sendo essas qualidades as únicas que podiam atrair estima, tornou-se logo necessário adquiri-las ou simulá-las. Foi preciso, para vantagem própria, mostrar-se diferente do que se era de fato. Ser e parecer tornaram-se duas coisas absolutamente diferentes e dessa distinção resultaram o fausto imponente, a astúcia enganosa e todos os vícios que integram o seu cortejo. Por outro lado, o homem, antes livre e independente, se vê, por uma multidão de novas necessidades, sujeito, por assim dizer, a toda a natureza e, sobretudo, aos seus semelhantes, dos quais se torna, num certo sentido, escravo, mesmo sendo seu senhor: quando rico, precisa de seus serviços; quando pobre, precisa de seus socorros, e a mediocridade não o coloca em condições de privar-se deles. É preciso, portanto, que procure continuamente interessá-los à sua sorte e fazer com que encontrem, de fato ou na aparência, o próprio proveito em trabalhar para o dele; isso o torna velhaco e artificioso com uns e imperioso e duro com os outros, e com a necessidade de abusar de todos aqueles de que necessita, quando não pode fazer-se temer por eles e não vê seu interesse em servi-los utilmente. Por fim, a ambição devoradora, o ardor de elevar a sua fortuna relativa, menos por necessidade verdadeira do que para colocar-se acima dos demais, inspira a todos uma inclinação sombria em prejudicar-se mutuamente, uma inveja secreta tanto mais perigosa quanto, para desferir seu golpe com maior segurança, veste frequentemente a máscara da benevolência. Dessa forma, veem-se concorrência e rivalidade, de um lado, oposição de interesses, de outro, e sempre, o desejo oculto de tirar proveito à custa de outrem; todos esses males são o primeiro efeito da propriedade e o cortejo inseparável da desigualdade nascente.

Antes que se tivessem inventado os signos representativos das riquezas, podiam estas somente consistir em terras e animais, os únicos bens reais que os homens podiam possuir. Ora, quando as herdades cresceram em número e em extensão, a ponto de cobrirem o solo inteiro e tocarem-se todas, umas não puderam mais crescer senão à custa das outras, e os supranumerários, que a fraqueza ou a indolência tinham impedido de adquiri-las, por sua vez, tornando-se pobres sem nada ter perdido, pois, mudando tudo à sua volta, apenas eles não haviam mudado, foram obrigados a receber ou a arrebatar a sua subsistência da mão dos ricos. E daí começaram a nascer, segundo os diversos caracteres de uns e de outros, a dominação e a servidão, ou a violência e as rapinas. Os ricos, por sua vez, mal conheceram o prazer de dominar e logo desdenharam todos os demais. Servindo-se de seus antigos escravos para submeter outros, pensaram apenas em subjugar e sujeitar os seus vizinhos, algo semelhante a esses lobos famintos que, tendo provado por uma vez a carne humana, rejeitam qualquer outro alimento e desejam tão somente devorar homens.

É assim que, por fazerem os mais poderosos ou os mais miseráveis de suas forças ou de suas necessidades uma espécie de direito ao bem de outrem, equivalente, segundo dizem, ao direito de propriedade, a igualdade rompida foi seguida pela mais horrível desordem; as usurpações dos ricos, os roubos dos pobres, as paixões desenfreadas de todos sufocaram a piedade natural e a voz ainda fraca da justiça, tornaram os homens avaros, ambiciosos e maus. Emergiu, entre o direito do mais forte e o direito do primeiro ocupante, um conflito perpétuo que não se encerrava senão com combates e homicídios (17). A sociedade nascente deu lugar ao mais horrível estado de guerra; o gênero humano, aviltado e desolado, não podendo mais voltar atrás, nem renunciar às aquisições infelizes que havia feito, e trabalhando apenas para a sua vergonha, abusando das faculdades que o honraram, colocou a si próprio próximo de sua ruína.

Attonitus novitate mali, divesque, miserque
Effugere optat opes, et quae modo voverat odit.[57]

Não é possível que os homens não tenham, afinal, feito observações sobre uma situação tão miserável e sobre as calamidades que os afligiam. Os ricos, sobretudo, devem logo ter sentido o quanto lhes era desvantajosa uma guerra perpétua cujo preço pagavam sozinhos, o risco de vida era comum, e o dos bens, particular. Aliás, qualquer que fosse a aparência que pudessem dar às suas usurpações, sentiam bem que estavam estabelecidas somente em um direito precário e abusivo e que, não tendo sido adquiridas senão pela força, esta podia privá-los delas, sem que tivessem razão em queixar-se. Até mesmo aqueles que apenas a indústria tinha enriquecido não podiam fundar sua propriedade em títulos melhores. Podiam até mesmo dizer: "Fui eu quem construiu esse muro; ganhei esse terreno com o meu trabalho. – Quem vos forneceu as demarcações – poder-se-ia responder-lhes – e em virtude de que pretendeis ser pagos à nossa custa, por um trabalho que de mo-

---

57. "Atônito com esse novo mal, rico e pobre, ele deseja escapar à sua opulência, odiando o que dantes havia desejado" (Ovídio, *Metamorfoses*, XI, 127). (N.T.)

do algum vos impusemos?" Ignorais que uma multidão de vossos irmãos perece ou sofre da necessidade daquilo que tendes a mais e que vos era necessário um consentimento expresso e unânime do gênero humano para apropriar-vos, quanto à subsistência comum, de tudo o que ia além da vossa?". Destituído de razões válidas para justificar-se e de forças suficientes para defender-se, esmagando facilmente um particular, mas sendo ele próprio esmagado por tropas de bandidos, sozinho contra todos e, não podendo, em razão das invejas mútuas, unir-se aos seus iguais contra inimigos unidos pela esperança comum da pilhagem, o rico, premido pela necessidade, concebeu, por fim, o projeto mais refletido que jamais entrou no espírito humano: o de empregar em seu favor as próprias forças daqueles que o atacavam, de fazer de seus adversários seus defensores, de inspirar-lhes outras máximas e dar-lhes outras instituições que fossem tão favoráveis a ele quanto lhe era contrário o direito natural.

Com esse intuito, depois de ter exposto a seus vizinhos o horror de uma situação que os armava a todos, uns contra os outros, que lhes tornava as posses tão onerosas quanto suas necessidades e onde ninguém encontrava segurança, nem na pobreza, nem na riqueza, inventaram-se tranquilamente razões especiosas para conduzi-los ao seu objetivo. "Unamo-nos", disse-lhes, "para proteger os fracos da opressão, conter os ambiciosos e garantir a cada um a posse do que lhe pertence; instituamos regulamentos de justiça e de paz, aos quais todos sejam obrigados a se conformar, que não privilegiem ninguém e que reparem, de certa forma, os caprichos da fortuna, submetendo igualmente o poderoso e o fraco a deveres mútuos. Assim, em vez de voltar nossas forças contra nós mesmos, reunâmo-las em um poder supremo, que nos governe de acordo com leis sábias, que proteja e defenda a todos os membros da associação, repila os inimigos comum e nos mantenha numa concórdia eterna."

Foi preciso muito menos que o equivalente desse discurso para arrastar homens grosseiros, fáceis de seduzir e que, aliás, tinham assuntos demais para resolver entre si para poder privar-se de árbitros e avareza e ambição demasiadas para poder, por muito tempo, privar-se de senhores. Todos correram ao encontro de suas correntes, acreditando assegurar a própria liberdade, pois, com razão suficiente para reconhecer as vantagens de um estabelecimento político, não tinham experiência suficiente para prever-lhes os perigos; os mais capazes de pressentir os abusos eram precisamente aqueles que esperavam aproveitar-se deles, e até mesmo os sábios viram que era preciso resolver-se a sacrificar uma parte de sua liberdade para a conservação de outra, tal como um ferido que manda cortar o braço para salvar o resto do corpo.

Tal foi ou deve ter sido a origem da sociedade e das leis, que deram novos entraves ao fraco e novas forças ao rico (18), destruíram irreparavelmente a liberdade natural, fixaram para sempre a lei da propriedade e da desigualdade, fizeram de uma hábil usurpação um direito irrevogável e, em proveito de alguns ambiciosos, sujeitaram, a partir de então, todo o gênero humano ao trabalho, à servidão e à miséria. É fácil ver como o estabelecimento de uma única sociedade tornou indispensável o de todas as outras e como, para enfrentar forças unidas, foi-lhes necessário unir-se por sua vez. Multiplicando-se ou estendendo-se rapidamente, as sociedades logo cobriram toda a superfície da terra e não se pôde encontrar um único canto no universo em que fosse possível emancipar-se do jugo e subtrair a própria cabeça ao gládio, muitas vezes mal conduzido, que cada homem via perpetuamente suspenso sobre a sua. Assim, tornando-se o direito civil a regra comum dos cidadãos, a lei da natureza não vigorou mais senão entre as diversas sociedades, temperada, sob o nome de direito das gentes, por algumas convenções tácitas para tornar o comércio possível e suprir a comiseração natural, que, perdendo, entre uma sociedade e outra, quase toda a força que possuía entre um homem e outro, não reside mais senão em algumas grandes almas cosmopolitas que superam as barreiras imaginárias que separam os povos e que, a exemplo do Ser soberano que as criou, abraçam todo o gênero humano na sua benevolência.

Assim, os corpos políticos, permanecendo entre si no estado de natureza, logo se aperceberam dos inconvenientes que haviam forçado os particulares a deixá-los, e esse estado tornou-se ainda mais funesto entre esses grandes corpos do que havia sido anteriormente entre os indivíduos de que eram compostos. Daí surgiram as guerras nacionais, as batalhas, os homicídios, as represálias, que fazem estremecer a natureza e chocam a razão, e todos esses preconceitos horríveis que situam no nível das virtudes a honra de derramar o sangue humano. As pessoas mais honestas aprenderam a contar entre seus deveres o de degolar seus semelhantes; viram-se, por fim, homens massacrarem-se aos milhares sem saber por que e cometerem-se mais homicídios em um único dia de combate e mais horrores na tomada de uma única cidade do que se tinham cometido no estado de natureza, durante séculos inteiros, sobre toda a face da Terra. São esses os primeiros efeitos que se entreveem na divisão do gênero humano em diferentes sociedades. Retornemos à sua instituição.

Sei que muitos apontaram outras origens para as sociedades políticas, tais como as conquistas do mais poderoso ou a união dos fracos, e a escolha entre essas causas é indiferente ao que desejo estabelecer; entretanto, a que acabo de expor me parece a mais natural pelas seguintes razões: 1º Não sendo, no primeiro caso, o direito de conquista de modo algum um direito, não pôde ele fundamentar nenhum outro, permanecendo o conquistador e os povos conquistados sempre em estado de guerra entre si, a menos que a nação reposta em plena liberdade escolha voluntariamente seu vencedor como chefe.

Até então, quaisquer capitulações que se tenham feito, não tendo sido fundadas senão na violência e sendo, por conseguinte, nulas por esse mesmo fato, não pode haver, nessa hipótese, nem verdadeira sociedade, nem corpo político, nem outra lei que não a do mais forte. 2º As palavras *forte* e *fraco* são equívocas no segundo caso e, no intervalo existente entre o estabelecimento do direito de propriedade ou de primeiro ocupante e o dos governos políticos, o sentido desses termos é mais bem expresso por *pobre* e *rico*, pois, com efeito, um homem não tinha, antes das leis, outro meio de sujeitar seus iguais além de atacar-lhes os bens ou dar-lhes alguma parte dos seus. 3º Não tendo os pobres nada a perder senão a própria liberdade, teria sido uma grande loucura de sua parte privar-se voluntariamente do único bem que lhes restava, para nada receber em troca. Sendo os ricos, ao contrário, sensíveis, por assim dizer, quanto a todas as partes de seus bens, era muito mais fácil causar-lhes mal. Tinham, por conseguinte, mais precauções a tomar para proteger-se e é mais razoável acreditar ter sido uma coisa inventada por aqueles a quem é útil do que por aqueles a quem prejudica.

O governo nascente não teve uma forma constante e regular. A carência de filosofia e de experiência deixava perceber apenas os inconvenientes presentes e somente se pensava em remediar os outros à medida que se apresentavam. A despeito de todos os trabalhos dos mais sábios legisladores, o estado político permaneceu sempre imperfeito, pois era quase obra do acaso e, por ter começado mal, o tempo, descobrindo os seus defeitos e sugerindo remédios, jamais pôde reparar os vícios da constituição. Remendava-se continuamente, ao passo que teria sido necessário começar por limpar a área e afastar todos os materiais velhos, como fez Licurgo em Esparta, para, em seguida, erguer um bom edifício. A sociedade consistia, de início, apenas em convenções gerais que todos os particulares se comprometiam a observar e das quais a comunidade constituía-se garantida perante cada um deles.

Foi preciso que a experiência mostrasse o quanto era fraca semelhante constituição e o quanto era fácil para os infratores evitar a condenação ou o castigo das faltas, das quais apenas o público devia ser a testemunha e o juiz; foi preciso que a lei fosse iludida de mil maneiras; foi preciso que os inconvenientes e as desordens se multiplicassem continuamente, antes que se pensasse finalmente em confiar a particulares o perigoso depósito da autoridade pública e que se delegasse a magistrados o cuidado de fazer observar as deliberações do povo, pois dizer que os chefes foram escolhidos antes de ser feita a confederação e os ministros das leis antes mesmo das leis, é uma suposição que não é permitido combater seriamente.

Não seria mais razoável acreditar que os povos jogaram-se primeiro nos braços de um senhor absoluto, sem condições e sem remédio, e que o primeiro meio imaginado por homens altivos e indômitos, para garantir a segurança comum, foi atirar-se na escravidão? Com efeito, por que deram a si mesmos superiores, senão para defender-se da opressão e proteger seus bens, sua liberdade e sua vida, que são, por assim dizer, os elementos constitutivos de seu ser? Ora, como, nas relações de homem para homem, o pior que pode acontecer a um é encontrar-se à discrição do outro, não teria sido contrário ao bom senso começar por despojar-se, entre as mãos de um chefe, das únicas coisas para cuja conservação tinham necessidade de seu socorro? Que equivalente teria podido oferecer-lhes pela concessão de tão belo direito? E, se tivesse ousado exigi-lo, sob o pretexto de defendê-los, não teria recebido, de imediato, a resposta do apólogo: "Que mais nos fará o inimigo?" É, pois, incontestável, e é essa a máxima fundamental de todo direito político, que os povos deram a si mesmos chefes para defender sua liberdade e não para sujeitá-los. "Se temos um príncipe", dizia Plínio a Trajano, "é para que nos preserve de ter um senhor".

Sobre o amor à liberdade, os políticos fazem os mesmos sofismas que fizeram os filósofos sobre o estado de natureza: pelas coisas que veem, julgam coisas muito diferentes, que jamais viram, e atribuem aos homens uma inclinação natural à servidão, pela paciência com que aqueles que têm sob os olhos suportam a sua, sem imaginar que ocorre com a liberdade o mesmo que com a inocência e a virtude, cujo preço não se percebe enquanto não se as goza e cujo gosto se perde assim que se as perdem. "Conheço as delícias de teu país", dizia Brásidas[58] a um sátrapa[59] que comparava a vida em Esparta à de Persépolis, "mas não podes conhecer os prazeres do meu".

Como um corcel indomado que eriça a crina, bate a terra com os pés e se debate impetuosamente com a mera aproximação do freio[60], enquanto um cavalo domado suporta pacientemente o açoite e a espora, o homem bárbaro não se submete ao jugo que o homem civilizado suporta sem murmúrio e prefere a mais tempestuosa liberdade a uma sujeição tranquila. Não é, portanto, pelo aviltamento dos povos submetidos que se devem julgar as disposições naturais do homem a favor ou contra a servidão, mas pelos prodígios que fizeram todos os povos livres para se protegerem da opressão. Sei que os primeiros se limitam a louvar incessantemente a paz e o repouso que gozam em suas correntes, e que *miserrimam servitutem pacem appellant*[61], mas quando vejo os outros sacrificarem os prazeres, o repouso, a riqueza, o poder

---

58. General espartano na Guerra do Peloponeso. (N.T.)

59. Governador de província, nos antigos impérios da Pérsia. (N.T.)

60. Do francês *mors*, que indica freio para cavalo, ou bridão. (N.T.)

61. "A servidão mais miserável, eles a chamam de paz" (Tácito, *Histórias*, IV, 17). (N.T.)

e até mesmo a vida, para a conservação desse único bem, tão desdenhado pelos que o perderam, quando vejo animais nascidos livres e abominando o cativeiro arrebentarem a cabeça contra as grades de sua prisão, quando vejo multidões de selvagens inteiramente nus desprezarem as volúpias europeias e desafiar a fome, o fogo, o ferro e a morte, apenas para conservar a sua independência, percebo que não cabe a escravos raciocinar sobre a liberdade.

Quanto à autoridade paterna, da qual muitos fizeram derivar o governo absoluto e a sociedade como um todo, sem recorrer às provas contrárias de Locke e Sidney[62], basta observar que nada no mundo está mais distante do espírito feroz do despotismo do que a doçura dessa autoridade, que dá maior atenção à vantagem daquele que obedece do que à utilidade daquele que comanda; que, pela lei da natureza, o pai permanece como senhor de seu filho somente enquanto sua assistência lhe é necessária; que, além desse termo, tornam-se iguais, e que o filho, perfeitamente independente do pai, deve a este somente respeito e não obediência, pois o reconhecimento é um dever que se deve cumprir, mas não um direito que se possa exigir. Em vez de dizer que a sociedade civil deriva do poder paterno, era preciso dizer, ao contrário, que é dela que esse poder extrai a sua força principal. Um indivíduo só foi reconhecido como pai de muitos outros quando permaneceram reunidos em torno dele. Os bens do pai, dos quais é verdadeiramente senhor, são os laços que retêm os filhos sob sua dependência e ele somente pode fazê--los participar de sua sucessão na proporção do que tiverem merecido dele, por uma contínua deferência às suas vontades. Ora, os súditos, longe de terem algum favor semelhante a

---

62. Algernon Sidney (1623-1683), político inglês, executado por supostamente conspirar contra o Rei, em razão de sua obra *Discourses concerning government*. (N.T.)

esperar de seu déspota, visto que eles, assim como tudo que possuem, lhe pertencem como propriedade, ou, pelo menos, ele assim o pretende, encontram-se reduzidos a receber como favor o que lhes deixa de seus próprios bens: faz justiça quando os despoja; dá-lhes graça quando os deixa viver. Continuando a examinar dessa forma os fatos pelo direito, não se encontraria mais solidez do que verdade no estabelecimento voluntário da tirania, e seria difícil demonstrar a validade de um contrato que obrigasse apenas a uma das partes, no qual se colocasse tudo de um lado e nada do outro e que resultasse somente em prejuízo daquele que se obriga. Esse sistema odioso está muito longe de ser, mesmo hoje, o dos sábios e bons monarcas, e, sobretudo, dos reis da França, como se pode ver em diversos pontos de seus editos, e, em particular, na seguinte passagem de um escrito famoso, publicado em 1667, em nome e por ordem de Luís XIV: "Que jamais se diga, portanto, que o soberano não está sujeito às leis de seu Estado, pois a proposição contrária é uma verdade do direito das gentes, que a adulação, por vezes, atacou, mas que os bons príncipes sempre defenderam como uma divindade tutelar de seus Estados. Quanto mais legítimo é dizer, com o sábio Platão, que a felicidade perfeita de um reino consiste em que um príncipe seja obedecido por seus súditos, que o príncipe obedeça à lei e que a lei seja justa e sempre dirigida ao bem público!".[63] Não me deterei a investigar se, sendo a liberdade a mais nobre das faculdades do homem, não seria degradar a sua natureza e colocar-se no nível dos animais escravos do instinto, ou até mesmo ofender o autor de seu ser, o ato de renunciar, sem reservas, ao mais precioso de todos esses dons e sujeitar-se a cometer todos

---

63. Trecho extraído de *Traité des droits de la reine sur divers états de la monarchie d'Espagne* (1667). (N.T.)

os crimes que nos proíbe, para agradar a um senhor feroz ou insensato, e tampouco me perguntarei se esse operário sublime deve ficar mais irritado em ver sua mais bela obra destruída do que em vê-la desonrada. Negligenciarei, se assim se quiser, a autoridade de Barbeyrac, que declara nitidamente, em acordo com Locke, que ninguém pode vender a própria liberdade até submeter-se a um poder arbitrário que o trate a seu bel-prazer: "Pois, acrescenta, isso seria vender a própria vida, da qual não se é senhor".[64] Perguntarei apenas com que direito aqueles que não temeram aviltar a si próprios até esse ponto puderam submeter a sua posteridade à mesma ignomínia e renunciar, em seu nome, a bens que ela não deve à sua liberalidade e sem os quais a própria vida é onerosa a todos os que são dignos dela.

Pufendorf afirma que, assim como se transferem os bens a outrem por meio de convenções e contratos, pode-se também despojar-se da própria liberdade em favor de alguém. Trata-se, ao que me parece, de um raciocínio bastante ruim, primeiro, porque o bem que alieno torna-se, para mim, algo muito estranho e o abuso me é indiferente; importa-me, porém, que não se abuse de minha liberdade e não posso, sem ser o culpado do mal que me forçam a cometer, tornar-me instrumento do crime. Além disso, sendo o direito de propriedade apenas de convenção e de instituição humana, todo homem pode dispor à vontade daquilo que possui, mas não ocorre o mesmo com os dons essenciais da natureza, como a vida e a liberdade, que é permitido a cada um gozar e dos quais é, pelo menos, duvidoso que se tenha o direito de

---

64. Jean Barbeyrac (1674-1744), jurista francês, cujas ideias estão expostas no prefácio e nas notas à tradução, feita por ele mesmo, de *De Jure Naturae et Gentium*, de Pufendorf. Quanto ao trecho em questão, cf. PUFENDORF, *Le Droit de la nature et des gens*. Amsterdã: Henri Schelte, 1706. v. 1, livro VII, cap. VIII, nota 2, p. 302. (N.T.)

despojar-se. Privando-se de uma, degrada-se o seu ser; privando-se da outra, se o aniquila tanto quanto se pode fazê-lo e, como nenhum bem temporal pode compensar uma e outra, ofender-se-ia, ao mesmo tempo, a natureza e a razão, caso se renunciasse a elas por qualquer preço que fosse. Mas, ainda que se pudesse alienar a liberdade assim como seus bens, a diferença seria muito grande para os filhos, que não gozam dos bens do pai senão por transmissão de seu direito, ao passo que, sendo a liberdade um dom que devem à natureza, na qualidade de homens, seus pais não tiveram direito algum de despojá-los. Assim, se, para estabelecer a escravidão foi necessário coagir a natureza, para perpetuar esse direito foi preciso mudá-la, e os jurisconsultos, que pronunciaram gravemente que o filho de um escravo nasceria escravo, decidiram, em outros termos, que um homem não nasceria homem.

Parece-me, pois, certo que não apenas os governos não começaram com o poder arbitrário – que deles é apenas a corrupção, o termo extremo, e que os reduz, por fim, somente à lei do mais forte, para a qual foram, de início, o remédio –, mas também que, ainda que tivessem começado assim, esse poder, sendo ilegítimo por sua natureza, não pôde servir de fundamento aos direitos da sociedade, nem, por conseguinte, à desigualdade de instituição.

Sem entrar, por enquanto, nas pesquisas ainda a ser feitas sobre a natureza do pacto fundamental de todo o governo, limito-me, seguindo a opinião comum, a considerar aqui o estabelecimento do corpo político como verdadeiro contrato entre o povo e os chefes que escolheu para si; contrato este em que as duas partes se obrigam a observar as leis estipuladas e que formam os liames de sua união. Tendo o povo reunido, a respeito das relações sociais, todas as suas vontades em apenas uma, todos os artigos nos quais essa vontade se expõe transformam-se em outras tantas leis fundamentais que obrigam a todos os membros do Estado, sem exceção, e uma delas regula a escolha e o poder dos magistrados encarregados de velar pela execução das demais. Esse poder se estende a tudo o que pode manter a constituição, sem chegar a ponto de mudá-la. Juntam-se a ele honrarias que tornam respeitáveis as leis e seus ministros e, para estes, pessoalmente, prerrogativas que os indenizam pelos trabalhos penosos que exige uma boa administração. O magistrado, por sua vez, obriga-se a usar o poder que lhe é confiado apenas segundo a intenção de seus comitentes, a manter cada um no gozo pacífico do que lhe pertence e a preferir, em todos os casos, a utilidade pública a seu próprio interesse.

Antes de a experiência ter mostrado ou o conhecimento do coração humano feito prever os abusos inevitáveis de tal constituição, deve esta ter parecido tão superior que aqueles que estavam encarregados de velar pela sua conservação eram eles mesmos os maiores interessados, pois, estando a magistratura e seus direitos estabelecidos somente sobre leis fundamentais, tão logo fossem estas destruídas, os magistrados deixariam de ser legítimos, o povo não seria mais obrigado a obedecê-los e, não tendo o magistrado, e sim a lei, constituído a essência do Estado, cada um retornaria por direito à liberdade natural.

Por menos que se reflita atentamente, isso iria se confirmar por novas razões e, pela natureza do contrato, ver-se-ia que este não poderia ser revogável, pois, se não houvesse poder superior que garantisse a fidelidade dos contratantes e os forçasse a cumprir seus compromissos recíprocos, as partes permaneceriam como juízes únicos em sua própria causa e cada uma delas teria sempre o direito de renunciar ao contrato, tão logo acreditassem ter a outra violado as condições ou deixado estas de convir-lhes. É nesse princípio que, ao que parece, pode estar fundado o direito de abdicar. Ora, considerando apenas, como o fazemos, a instituição humana, se o magistrado, que detém todo o poder em mãos e se apropria de todas as vantagens do contrato, tivesse, no entanto, o direito de renunciar à autoridade, com muito mais razão o povo, que paga por todas as faltas de seus chefes, deveria ter o direito de renunciar à dependência. Mas as horríveis dissensões, as infinitas desordens que acarretaria necessariamente esse perigoso poder, mostram, mais do que qualquer outra coisa, como os governos humanos tinham necessidade de uma base mais sólida do que apenas a razão, e como era necessário ao repouso público que a vontade divina interviesse para conferir à autoridade soberana um caráter sagrado e inviolável, que privasse os súditos do direito funesto de dela dispor. Ainda que a religião tivesse apenas feito esse bem aos homens, isso seria o bastante para que devessem todos prezá--la e adotá-la, mesmo com seus abusos, pois ela poupa ainda mais sangue do que derrama o fanatismo. Sigamos, porém, o fio de nossa hipótese.

As diversas formas de governo têm sua origem nas maiores ou menores diferenças que existiam entre os particulares, no momento da instituição. Se um homem era eminente em termos de poder, virtude, riqueza ou crédito, apenas ele foi eleito magistrado e o Estado tornou-se monárquico. Se muitos, mais ou menos iguais entre si, prevaleciam sobre todos os demais, foram eleitos conjuntamente e teve-se uma aristocracia. Aqueles cuja fortuna ou talentos eram menos desproporcionais e que se tinham afastado menos do estado de natureza mantiveram em comum a administração suprema e formaram uma democracia. O tempo indicou qual dessas formas era a mais vantajosa aos homens. Alguns permaneceram unicamente submetidos às leis, outros logo obedeceram aos senhores. Os cidadãos desejaram manter sua liberdade; os súditos imaginaram somente tirá-la de seus vizinhos, não podendo suportar que outros gozassem um bem que eles próprios não mais gozavam. Em uma palavra, por um lado, foram as riquezas e as conquistas e, por outro, a felicidade e a virtude.

Nesses diversos governos, todas as magistraturas foram, de início, eletivas e, quando a riqueza não prevalecia, a preferência era atribuída ao mérito, que confere uma autoridade natural, e à idade, que proporciona experiência aos negócios e sangue-frio nas deliberações. Os anciões dos hebreus, os gerontes de Esparta, o senado de Roma e até mesmo a etimologia de nossa palavra *senhor*[65] mostram o quanto, antigamente, a velhice era respeitada. Quanto mais as eleições recaíam sobre homens de idade avançada, tanto mais se tornavam frequentes e mais os seus embaraços se faziam sentir: os ardis se introduziram, as facções se formaram, os partidos se enervaram, as guerras civis se atiçaram; enfim, o sangue dos cidadãos foi sacrificado à pretensa felicidade do Estado e se esteve a um passo de voltar à anarquia dos tempos anteriores. A ambição dos principais[66] aproveitou-se dessas circunstâncias para perpetuar seus cargos em suas famílias; o povo, já acostumado com a dependência, o repouso e as comodidades da vida e já incapaz de romper suas correntes, consentiu em deixar que se aumentasse sua servidão para consolidar sua tranquilidade; e é assim que os chefes, tornando-se hereditários, acostumaram-se a ver sua magistratura como um bem de família, a ver a si próprios como proprietários do Estado, do qual eram, de início, tão somente funcionários a considerar seus concidadãos como escravos, a incluí-los, tal como o gado, entre as coisas que lhes pertenciam e a considerar a si mesmos como iguais aos deuses e reis dos reis.

Se acompanharmos o progresso da desigualdade nessas diferentes revoluções, veremos que o estabelecimento da lei

---

65. Em francês, *seigneur*. Do francês antigo *seignor*, que remonta ao latim *seniōrem*, acusativo de *senior*, que, por sua vez, significa "o mais antigo" ou "o mais idoso". (N.T.)

66. Do francês *principaux*, indicando, no caso, os principais ou mais importantes personagens de um Estado ou de uma cidade. (N.T.)

e do direito de propriedade foi o primeiro termo, a instituição da magistratura o segundo e o terceiro e último foi a transformação do poder legítimo em poder arbitrário, de modo que a condição de rico e pobre foi autorizada pela primeira época, a de poderoso e fraco pela segunda e a de senhor e escravo pela terceira, que corresponde ao último grau de desigualdade e ao termo a que finalmente chegam todos os outros, até que novas revoluções dissolvam inteiramente o governo ou o aproximem da instituição legítima.

Para compreender a necessidade desse progresso, é preciso considerar menos os motivos do estabelecimento do corpo político do que a forma que este assume na sua execução e os inconvenientes que traz consigo, pois os vícios que tornam necessárias as instituições sociais são os mesmos que tornam inevitável o seu abuso. E como, com a única exceção de Esparta – onde a lei velava principalmente pela educação das crianças e onde Licurgo estabeleceu costumes que o dispensavam de acrescentar-lhes leis –, as leis, geralmente menos fortes que as paixões, refreiam os homens, sem mudá-los, seria fácil provar que todo governo que, sem se corromper, nem se alterar, funcionasse sempre exatamente segundo a finalidade de sua instituição, teria sido instituído sem necessidade, e que um país onde ninguém iludisse as leis e abusasse da magistratura não teria necessidade de magistrados nem de leis.

As distinções políticas acarretam necessariamente as distinções civis. Aumentando entre o povo e seus chefes a desigualdade logo se faz sentir entre os particulares e se modifica de várias maneiras, de acordo com as paixões, os talentos e as circunstâncias. O magistrado não poderia usurpar um poder ilegítimo sem recorrer a criaturas[67], às quais é forçado

---

67. Do francês *créatures*, aqui em sentido figurado, designando pessoa que deve a sua posição ou a sua fortuna a outra, a cujos interesses está vinculada. (N.T.)

a ceder alguma parte. Aliás, os cidadãos só se deixam oprimir à medida que, arrastados por uma ambição cega e olhando mais para baixo do que para cima de si mesmos, a dominação torna-se para eles mais cara do que a independência e consentem em carregar correntes para, por sua vez, poder atribuí-las. É muito difícil reduzir à obediência aquele que não procura comandar e o político mais hábil não obteria êxito em sujeitar homens que desejassem apenas ser livres. Mas a desigualdade se estende, sem dificuldades, entre as almas ambiciosas e covardes, sempre prontas a correr os riscos da fortuna e a dominar ou servir, quase que indiferentemente, conforme ela se torne favorável ou contrária a eles. É assim que, com certeza, veio um tempo em que os olhos do povo ficaram a tal ponto fascinados que bastava aos seus condutores dizer ao menor dos homens: "Sê grande, tu e toda a tua raça", e imediatamente parecia grande a todo o mundo, assim como aos seus próprios olhos; e seus descendentes se elevavam ainda mais à medida que se afastavam dele; quanto mais a causa era remota e incerta, tanto mais aumentava o efeito; quanto mais preguiçosos[68] havia em uma família, tanto mais esta se tornava ilustre.

Fosse este o lugar de entrar em detalhes, explicaria facilmente como, até mesmo sem que o governo interfira, a desigualdade de crédito e de autoridade se torna inevitável entre os particulares (19), assim que, reunidos em uma mesma sociedade, estes são forçados a comparar-se entre si e a levar em consideração as diferenças que encontram no uso contínuo que têm de fazer uns dos outros. Essas diferenças são de várias espécies. Mas, em geral, sendo a riqueza, a nobreza ou a posição, o poder e o mérito pessoal as principais distinções

---

68. Do francês *fainéants*. Trata-se, provavelmente, de uma referência aos chamados "reis preguiçosos", ou "reis indolentes" (*rois fainéants*), reis da dinastia merovíngia que sucederam a Dagoberto I, a partir de 639. (N.T.)

pelas quais se é medido na sociedade, provaria que o acordo ou o conflito dessas forças diversas é a indicação mais segura de um Estado bem ou mal constituído; demonstrarei que, entre essas quatro espécies de desigualdade, estando as qualidades pessoais na origem de todas as outras, a riqueza é a última à qual, afinal, reduzem-se, pois, sendo a mais imediatamente útil ao bem-estar e a mais fácil de transmitir, é usada para comprar todo o resto, observação que permite julgar com bastante exatidão o quanto cada povo se afastou de sua instituição primitiva e o caminho que percorreu rumo ao termo extremo da corrupção. Observaria como esse desejo universal de reputação, de honras e de preferências, que nos devora a todos, emprega e compara os talentos e as forças; como ele excita e multiplica as paixões e, fazendo de todos os homens concorrentes, rivais ou, antes, inimigos, quantos reveses, sucessos e catástrofes de todo tipo ele provoca, todos os dias, ao colocar tantos pretendentes na mesma disputa. Mostraria que é a esse ardor de fazer falar de si, a esse furor de distinguir-se, que nos mantém quase sempre fora de nós mesmos, que devemos o que há de melhor e de pior entre os homens, nossas virtudes e nossos vícios, nossas ciências e nossos erros, nossos conquistadores e nossos filósofos, isto é, uma multidão de coisas más para um pequeno número de boas. Provaria, por fim, que, se vemos um punhado de poderosos e de ricos no fastígio das grandezas e da fortuna, enquanto a multidão se arrasta na escuridão e na miséria, é porque os primeiros só prezam as coisas que gozam por estarem os outros privados delas e que, sem mudar de estado, deixariam de ser felizes, caso o povo deixasse de ser miserável.

Mas esses detalhes comporiam, por si sós, a matéria de uma obra considerável, na qual se pesariam as vantagens e os inconvenientes de todo governo em relação aos direitos do estado de natureza, e na qual se desvendariam todas as diferentes faces sob as quais a desigualdade se mostrou até hoje e poderá mostrar-se nos séculos futuros, segundo a natureza desses governos e as revoluções que o tempo necessariamente lhes trouxer. Ver-se-ia a multidão oprimida no interior, em virtude das mesmas precauções que havia tomado contra o que a ameaçava do exterior; ver-se-ia a opressão crescer continuamente, sem que os oprimidos pudessem jamais saber que fim teria, nem que meios legítimos lhes restariam para detê-la; ver-se-iam os direitos dos cidadãos e as liberdades nacionais apagarem-se pouco a pouco e as reclamações dos fracos tratadas de murmúrios sediciosos; ver-se-ia a política restringir, a uma porção mercenária do povo, a honra de defender a causa comum; ver-se-ia decorrer daí a necessidade dos impostos, o cultivador desencorajado abandonar o seu campo, mesmo durante a paz, e deixar a charrua para cingir a espada; ver-se-iam nascer as regras funestas e estranhas do ponto de honra; ver-se iam os defensores da pátria tornarem-se, cedo ou tarde, os seus inimigos, erguendo continuamente o punhal sobre os seus concidadãos, e chegaria um tempo em que se ouviria dizerem ao opressor de seu país:

Pectore si fratris gladium juguloque parentis
Condere me jubeas, gravidaeque in viscera partu
Conjugis, invita peragam tamen omnia dextra.[69]

Da extrema desigualdade das condições e das fortunas, da diversidade das paixões e dos talentos, das artes inúteis, das artes perniciosas, das ciências frívolas nasceriam multidões de preconceitos, igualmente contrários à razão, à felicidade e à virtude; ver-se-iam os chefes fomentar tudo o que pode enfraquecer os homens reunidos, desunindo-os, tudo o que

---

69. "Se me ordenares que enterre meu gládio no seio de meu irmão, na garganta de meu pai ou no ventre de minha esposa grávida, eu o farei, muito embora minha mão se oponha a isso" (Lucano, *Farsália*, I, 376). (N.T.)

pode dar à sociedade um ar de concórdia aparente e nela semear um germe de divisão real, tudo o que pode inspirar às diferentes ordens uma desconfiança e um ódio mútuos, pela oposição de seus direitos e interesses, e fortalecer, por conseguinte, o poder que refreia a todos.

É do seio dessas desordens e revoluções que, erguendo gradualmente sua cabeça medonha e devorando tudo o que tivesse percebido de bom e de são em todas as partes do Estado, o despotismo conseguiria finalmente espezinhar as leis e o povo e estabelecer-se sobre as ruínas da república. Os tempos que precedessem essa última mudança seriam tempos de perturbações e de calamidades, mas, no fim, tudo seria engolido pelo monstro e os povos não teriam mais chefes ou leis, mas somente tiranos. A partir desse instante, já não se trataria mais de costumes e de virtudes, pois em todo lugar onde reina o despotismo, *cui ex honesto nulla est spes*[70], ele não admite nenhum outro senhor; tão logo ele fala, não há probidade, nem dever a consultar, e a mais cega obediência é a única virtude que resta aos escravos.

É este o último termo da desigualdade, o ponto extremo que fecha o círculo e toca no ponto de que partimos; é aqui que todos os particulares voltam a ser iguais, pois não são nada, e que, não tendo os súditos outra lei além da vontade do senhor, nem o senhor outra regra além de suas paixões, as noções do bem e os princípios da justiça novamente se esvanecem; é aqui que tudo se reduz somente à lei do mais forte e, por conseguinte, a um novo estado de natureza, diferente daquele pelo qual começamos, visto que um era o estado de natureza na sua pureza, enquanto o outro é o fruto de um excesso de corrupção. Há, aliás, tão pouca diferença entre esses dois estados e o contrato de governo é de tal forma dissolvido

---

70. "Onde o que é honesto não oferece esperança". (N.T.)

pelo despotismo, que o déspota apenas é senhor enquanto é o mais forte e, assim que se pode expulsá-lo, nada tem de reclamar contra a violência. O motim que acaba por estrangular ou destronar um sultão é um ato tão jurídico quanto aqueles por meio dos quais ele dispunha, na véspera, da vida e dos bens de seus súditos. Apenas a força o mantinha e, sozinha, ela o derrubava; todas as coisas ocorrem, assim, segundo a ordem natural e, qualquer que possa ser o resultado dessas curtas e frequentes revoluções, ninguém pode queixar-se da injustiça de outrem, mas somente de sua própria imprudência ou de sua infelicidade.

Descobrindo e seguindo, assim, as vias esquecidas e perdidas que devem ter conduzido o homem do estado natural ao estado civil, restabelecendo, com as posições intermediárias que acabo de marcar, as que o tempo, ao me apressar, fez-me suprimir, ou que a imaginação não me sugeriu, todo leitor atento deverá ficar impressionado com o imenso espaço que separa os dois estados. É nessa lenta sucessão das coisas que verá a solução de uma infinidade de problemas de moral e de política que os filósofos não podem resolver. Perceberá que, não sendo o gênero humano de uma época ou de outra, a razão pela qual Diógenes não encontrava homem algum residia em que procurava, entre seus contemporâneos, o homem de um tempo que não existia mais. "Catão", diria ele, "pereceu com Roma e a liberdade, porque se viu deslocado em seu século e o maior dos homens apenas espantou um mundo que, quinhentos anos antes, teria governado". Em uma palavra, explicaria como a alma e as paixões humanas, alterando-se insensivelmente, mudam, por assim dizer, de natureza; por que nossas necessidades e nossos prazeres mudam de objeto com o tempo; por que, esvanecendo-se devagar o homem original, a sociedade apenas oferece, aos olhos do sábio, um agregado de homens artificiais e de paixões factícias, que são obra de todas essas novas relações e não possuem nenhum verdadeiro fundamento na natureza. O que a reflexão nos ensina sobre tudo isso, a observação o confirma de forma perfeita: o homem selvagem e o homem policiado diferem de tal modo, quanto ao fundo de seu coração e suas inclinações, que o que faz a felicidade suprema de um reduziria o outro ao desespero. O primeiro anseia apenas pelo repouso e pela liberdade; deseja somente viver e permanecer ocioso, e até mesmo a ataraxia do estoico não se aproxima de sua profunda indiferença por qualquer outro objeto. O outro, ao contrário, sempre ativo, transpira, agita-se, atormenta-se incessantemente para procurar ocupações ainda mais laboriosas; trabalha até a morte, corre até mesmo na sua direção para colocar-se em condições de viver ou renuncia à vida para adquirir a imortalidade; faz a corte aos grandes, que odeia, e aos ricos, que despreza; não poupa esforços para obter a honra de servi-los; vangloria-se, com orgulho, da própria baixeza e da proteção deles e, vaidoso de sua escravidão, fala com desdém daqueles que não têm a honra de partilhá-la. Que espetáculo não seriam, para um caraíba, os trabalhos penosos e invejados de um ministro europeu! Quantas mortes cruéis não preferiria esse indolente selvagem ao horror de uma vida semelhante, que, muitas vezes, sequer é suavizada pelo prazer de agir bem! Mas, para conhecer o objetivo de tantos cuidados, seria necessário que as palavras *poder* e *reputação* tivessem, no seu espírito, algum sentido e que ele aprendesse a existência de uma espécie de homens que leva em alta consideração os olhares do resto do universo, que sabem ser felizes e ficar satisfeitos consigo mesmos, mais pelo testemunho de outrem do que pelo próprio. Tal é, com efeito, a verdadeira causa de todas essas diferenças: o selvagem vive em si mesmo; o homem sociável, sempre fora de si, não sabe viver senão na opinião dos outros e é, por assim dizer, apenas do julgamento destes que extrai o sentimento de sua própria existência. Escapa ao meu objeto mostrar como de tal disposição nasce tanta indiferença para com o bem e o mal, havendo tantos belos discursos de moral; como, reduzindo-se tudo às aparências, tudo se torna factício e simulado, caso da honra, da amizade, da virtude e, muitas vezes, até mesmo dos vícios, dos quais finalmente aprendeu-se o segredo de glorificar-se; como, em uma palavra, perguntando sempre aos outros o que somos, sem jamais ousarmos interrogar a nós mesmos sobre o assunto, em meio a tanta filosofia, humanidade, polidez e máximas sublimes, possuímos apenas um exterior enganoso e frívolo, honra sem virtude, razão sem sabedoria e prazer sem felicidade. Basta-me ter provado que não é, de modo algum, esse o estado original do homem e que é apenas o espírito da sociedade e a desigualdade que ela acarreta que mudam e alteram, dessa forma, todas as nossas inclinações naturais.

Procurei expor a origem e o progresso da desigualdade, o estabelecimento e o abuso das sociedades políticas, o tanto quanto essas coisas se podem deduzir da natureza do homem apenas pelas luzes da razão e independentemente dos dogmas sagrados que conferem à autoridade soberana a sanção do direito divino. Resulta dessa exposição que a desigualdade, sendo quase nula no estado de natureza, extrai a sua força e o seu crescimento do desenvolvimento de nossas faculdades e dos progressos do espírito humano e se torna, por fim, estável e legítima pelo estabelecimento da propriedade e das leis. Resulta ainda que a desigualdade moral, autorizada somente pelo direito positivo, é contrária ao direito natural, sempre que não corresponde, na mesma proporção, à desigualdade física, distinção que determina o que se deve pensar, a esse respeito, da espécie de desigualdade que reina entre todos os povos policiados, pois é manifestamente contra a lei da natureza, de qualquer maneira que se a defina, que uma criança mande em um idoso, que um imbecil conduza um homem sábio e que um punhado de pessoas abunde em superfluidades, enquanto a multidão esfomeada carece do necessário.

NOTAS DO AUTOR

(1) Heródoto conta que, após o assassinato do falso Smerdis, reunindo-se os sete libertadores da Pérsia para deliberar sobre a forma de governo que dariam ao Estado, Otanes posicionou-se fortemente pela república, opinião extraordinária vinda da boca de um sátrapa, tendo em vista, além da pretensão que poderia ter sobre o império, os Grandes temerem mais do que a morte uma espécie de governo que os forçasse a respeitar os homens. Otanes, como se pode imaginar, não foi ouvido e, vendo que se ia proceder à eleição de um monarca, ele que não desejava nem obedecer, nem comandar, cedeu voluntariamente aos demais concorrentes o seu direito à coroa, pedindo como única compensação serem, ele e sua descendência, livres e independentes, o que lhe foi concedido. Mesmo que Heródoto não nos relatasse a restrição que foi imposta a esse privilégio, ter-se-ia necessariamente de supô-la, pois, de outra forma, Otanes, não reconhecendo nenhum tipo de lei e não tendo de prestar contas a ninguém, teria sido todo-poderoso dentro do Estado e mais poderoso do que o próprio rei. Mas não havia qualquer indício de que um homem capaz de contentar-se, em caso semelhante, com tal privilégio fosse capaz de abusar dele. Com efeito, não se tem notícia de que esse direito tenha jamais causado a menor perturbação no reino, nem pelo sábio Otanes, nem por qualquer um de seus descendentes.[71]

(2) Desde o meu primeiro passo apoio-me com confiança em uma dessas autoridades respeitáveis para os filósofos,

---

71. O episódio relatado foi extraído do livro III das *Histórias* de Heródoto. (N.T.)

na medida em que partem de uma razão sólida e sublime que apenas eles sabem encontrar e sentir.

"Seja qual for o nosso interesse em conhecer a nós mesmos, não sei se não conhecemos melhor tudo o que não se refere a nós. Providos pela natureza de órgãos unicamente destinados à nossa conservação, nós os empregamos somente para receber as impressões estrangeiras, procuramos apenas nos propagar para fora e existir fora de nós mesmos; demasiadamente ocupados em multiplicar as funções de nossos sentidos e a aumentar a extensão exterior de nosso ser; muito raro fazemos uso desse sentido interior que nos reduz às nossas verdadeiras dimensões e que separa de nós tudo o que não nos pertence. É, contudo, desse sentido de que devemos utilizar-nos, se desejamos conhecer a nós mesmos, tratando-se do único por intermédio do qual podemos julgar-nos. Mas como dar a esse sentido a sua atividade e toda a sua extensão? Como livrar a nossa alma, na qual ele reside, de todas as ilusões de nosso espírito? Perdemos o hábito de empregá-la; ela permaneceu sem exercício em meio ao tumulto de nossas sensações corporais; foi ressecada pelo fogo de nossas paixões; o coração, o espírito, o sentido, tudo trabalhou contra ela" (Hist. Nat. T. 4, p. 151, De la Nat. de l'homme).

(3) As mudanças que um longo uso de andar sobre dois pés pôde produzir na conformação do homem, as relações ainda observadas entre os seus braços e as pernas anteriores dos quadrúpedes e a indução feita sobre o seu modo de andar geraram dúvidas sobre qual deveria ser para nós o mais natural. Todas as crianças começam por andar de quatro e necessitam de nosso exemplo e de nossas lições para aprenderem a manter-se em pé. Existem até mesmo nações selvagens, como os hotentotes que, negligenciando bastante as crianças, deixam-nas andar sobre as mãos por tanto tempo que encontram depois grande dificuldade em endireitá-las; assim também fazem as crianças dos caraíbas das Antilhas. Existem diversos exemplos de homens quadrúpedes, até poderia citar, entre outros, a criança que foi encontrada em 1344, perto de Hesse, que havia sido alimentada por lobos e que dizia, desde então, na corte do príncipe Henrique, que, se dependesse apenas dela, teria preferido retornar a eles a viver entre os homens. Ela havia de tal forma se habituado a andar como esses animais que foi preciso amarrar-lhe pedaços de madeira que a forçavam a manter-se ereta e em equilíbrio sobre os dois pés. O mesmo ocorreu com a criança encontrada em 1694 nas florestas da Lituânia e que vivia entre os ursos. Ela não dava, segundo o Sr. de Condillac, nenhum sinal de razão, andava sobre seus pés e suas mãos, não tinha nenhuma linguagem e formava sons que em nada se assemelhavam aos de um homem. O pequeno selvagem de Hanôver levado, muitos anos atrás, à corte da Inglaterra, tinha toda a dificuldade do mundo em sujeitar-se a andar sobre dois pés. Ainda foram encontrados, em 1719, dois outros selvagens nos Pireneus, que corriam pelas montanhas à maneira dos quadrúpedes. Quanto à objeção que se poderia fazer de que isso é privar-se do uso das mãos, do qual extraímos tantas vantagens, além do exemplo dos macacos mostrar que a mão pode muito bem ser empregada dos dois modos, isso apenas provaria que o homem pode dar aos seus membros uma destinação mais cômoda do que a da natureza, e não que a natureza tenha destinado o homem a andar de outra forma do que a que lhe ensina.

Mas existem, ao que me parece, razões muito melhores a serem afirmadas para sustentar que o homem é bípede. Primeiro, mesmo que se demonstrasse ter ele sido inicialmente conformado de maneira diversa da que conhecemos para, no entanto, finalmente tornar-se o que ele é, isso não bastaria para concluir que tudo tenha ocorrido dessa forma, pois, depois de ter demonstrado a possibilidade dessas mudanças, seria ainda necessário, antes de admiti-las, ratificar ao menos a sua verossimilhança. Além disso, se os braços do homem parecem ter, quando necessário, podido servir-lhe de pernas, essa é a única observação favorável a esse sistema, diante de muitas outras que lhe são contrárias. As principais são: o modo como a cabeça do homem encontra-se ligada ao seu corpo, em vez de dirigir-lhe a vista horizontalmente, como para todos os demais animais e como para si mesmo quando anda ereto, manteve-lhe, ao andar de quatro, os olhos diretamente fixados no solo, situação muito pouco favorável à conservação do indivíduo; que a cauda de que é desprovido, e que de nada lhe serviria andando sobre dois pés, é útil aos quadrúpedes e que nenhum deles encontra-se dela privado; que o seio da mulher, muito bem situado para um bípede que segura o filho nos braços, tanto não o é para um quadrúpede que não foi colocado dessa maneira; que, estando a parte traseira a uma altura excessiva em relação às pernas dianteiras, fazendo com que, andando de quatro, nós nos arrastemos sobre os joelhos, o todo teria formado um animal mal proporcionado e que anda pouco comodamente; que, se tivesse aplanado tanto o pé quanto a mão, ele teria tido na perna posterior uma articulação a menos que os demais animais, a saber, a que liga o cânon à tíbia, e que, pisando apenas com a ponta do pé, como certamente teria sido obrigado a fazer, o tarso, para não mencionar a pluralidade de ossos que o compõem, parece demasiado grande para suprir o cânon, e suas articulações com o metatarso e a tíbia próximas demais para darem à perna humana nessa situação a mesma flexibilidade que possuem as dos quadrúpedes. O exemplo das crianças, tomado em idade em que as forças naturais ainda não estão desenvolvidas, nem os membros fortalecidos, não permite concluir absolutamente nada, pois se poderia, do mesmo modo, dizer que os cães não são feitos para andar, na medida em que se limitam, algumas semanas depois do seu nascimento, a rastejar. Os fatos particulares possuem ainda pouca força diante da prática universal de todos os homens e até mesmo das nações que, não dispondo de nenhuma comunicação com as outras, nada puderam delas imitar. Uma criança abandonada em uma floresta antes de poder andar e alimentada por algum animal terá seguido o exemplo de sua ama, ao esforçar-se em andar como ela; o hábito lhe terá conferido facilidades de modo algum devidas à natureza e, assim como alguns manetas conseguem, depois de muito exercício, fazer com os pés tudo o que fazemos com as mãos, ele terá finalmente conseguido empregar suas mãos ao uso dos pés.

(4) Caso se encontre entre meus leitores um físico suficientemente ruim para apresentar-me objeções quanto à suposição dessa fertilidade natural da terra, responder-lhe-ei com a seguinte passagem:

"Como os vegetais extraem, para seu alimento, muito mais substância do ar e da água do que da terra, ocorre que, ao apodrecerem, devolvem para a terra mais do que dela tiraram; aliás, ao reter os vapores, uma floresta provoca as águas da chuva. Assim, num bosque que se conservasse intocado por muito tempo, a camada de terra que serve para a vegetação aumentaria consideravelmente, mas, por devolverem os animais à terra menos do que dela tiram e por terem os homens enormes consumos de madeiras e plantas para o fogo e outros usos, segue-se que a camada de terra vegetal de uma região habitada deve sempre diminuir e tornar-se finalmente como o terreno da Arábia Pétrea e como o de tantas outras províncias do Oriente, que, de fato, é a região há mais tempo habitada e onde apenas se encontram sal e areias, pois o sal fixo das plantas e dos animais permanece, enquanto todas as outras partes se evaporam" (Sr. de Buffon, *Hist. Nat.*[72]).

---

72. O texto em questão é *L'Histoire naturelle, générale et particulière, avec la description du Cabinet du Roi*, obra monumental publicada em 36 volumes entre 1749 e 1789, de autoria do naturalista e filósofo Georges-Louis Leclerc, conde de Buffon. (N.T.)

Pode-se acrescentar a isso a prova de fato resultante da quantidade de árvores e plantas de toda espécie, de que estavam repletas todas as ilhas desertas descobertas nos últimos séculos, assim como do que nos ensina a História sobre florestas imensas em que foi necessário abater toda a terra, à medida que esta foi povoada ou policiada. Dito isso, farei ainda as três observações seguintes. A primeira é que, se existe uma variedade de vegetais que possa compensar a perda de matéria vegetal causada pelos animais, segundo o raciocínio do sr. de Buffon, são, acima de tudo, as árvores, cujas copas e folhas reúnem e guardam mais água e vapores do que o fazem as outras plantas. A segunda é que a destruição do solo, isto é, a perda da substância própria à vegetação, deve acelerar-se conforme a terra se encontra mais cultivada e seus habitantes mais industriosos consomem, com maior abundância, suas produções de toda espécie. Minha terceira e mais importante observação é que os frutos das árvores fornecem ao animal um alimento mais abundante do que o fariam os demais vegetais, experiência que eu mesmo fiz, ao comparar produtos de dois terrenos iguais, em grandeza e em qualidade, um coberto de castanheiros, o outro semeado de trigo.

(5) Entre os quadrúpedes, as duas distinções mais universais das espécies vorazes se devem, quanto à primeira, ao aspecto dos dentes e, quanto à outra, à conformação dos intestinos. Os animais que vivem apenas de vegetais possuem todos os dentes chatos, como o cavalo, o boi, o carneiro e a lebre, mas os vorazes os possuem pontudos, como o gato, o cão, o lobo e a raposa. E, quanto aos intestinos, os frugívoros possuem alguns, tais como o cólon, que não existe nos animais vorazes. Parece, portanto, que, por possuir dentes e intestinos como os dos animais frugívoros, o homem deveria naturalmente ser colocado nessa classe e não apenas as observações anatômicas confirmam essa opinião, como também os monumentos da antiguidade lhe são muito favoráveis. "Dicearco, conta São

Jerônimo, relata em *Livros das antiguidades gregas* que, sob o reino de Saturno, quando a terra ainda era fértil por si mesma, nenhum homem comia carne, mas todos viviam dos frutos e dos legumes que cresciam naturalmente" (Lib. 2, *Adv. Jovinian*). Essa opinião pode ainda se sustentar com base na narração de vários viajantes modernos. François Corréal, entre outros, assinala que a maioria dos habitantes das Lucaias, que os espanhóis transportaram para as ilhas de Cuba, São Domingos e alhures, morreram depois de terem comido carne. Pode-se ver que omito muitas vantagens que poderia exaltar. Pois, sendo a presa praticamente o único motivo de combate entre os animais carniceiros e vivendo os frugívoros entre si em paz contínua, caso a espécie humana tivesse pertencido a este último gênero, resta claro que teria encontrado muito mais facilidade em subsistir no estado de natureza, assim como menos necessidade e ocasiões de deixá-lo.

(6) Todos os conhecimentos que exigem reflexão, todos os que somente se adquirem pelo encadeamento das ideias e apenas se aperfeiçoam sucessivamente parecem estar absolutamente fora do alcance do homem selvagem, por falta de comunicação com seus semelhantes, isto é, falta do instrumento que serve a essa comunicação e das carências que a tornam necessária. Seu saber e sua indústria limitam-se a saltar, correr, bater-se, lançar uma pedra, escalar uma árvore. Mas, se faz apenas essas coisas, por outro lado, ele as faz muito melhor do que nós, que não temos delas a mesma necessidade que ele e, como elas dependem unicamente do exercício do corpo e não são suscetíveis de qualquer comunicação, nem de qualquer progresso de um indivíduo para outro, o primeiro homem pôde tornar-se tão hábil quanto os seus últimos descendentes.

As narrações dos viajantes estão repletas de exemplos da força e do vigor dos homens nas nações bárbaras e selvagens; elas não exaltam menos a sua destreza e a sua ligeireza e, como para observar essas coisas bastam olhos, nada impede que se dê crédito ao que atestam as testemunhas oculares. Extraio, ao acaso, alguns exemplos dos primeiros livros que me caem nas mãos. "Os hotentotes, afirma Kolben[73], compreendem melhor a pesca do que os europeus do Cabo. Sua habilidade é igual na rede, no anzol e no dardo, tanto nas enseadas quanto nos rios. Tampouco agarram com menos habilidade o peixe com a mão. São de destreza incomparável no nado. Sua maneira de nadar tem algo de surpreendente, que lhes é absolutamente próprio. Nadam com o corpo reto e as mãos estendidas fora da água, de modo que parecem caminhar sobre a terra. Em meio à maior agitação do mar, as oscilações quase formam montanhas, e eles, de certa forma, dançam sobre a crista das ondas, subindo e descendo como um pedaço de cortiça."

"Os hotentotes, continua o autor, são de uma destreza surpreendente na caça, e a ligeireza de sua corrida supera a imaginação." Ele se surpreende por não fazerem mais frequentemente um mau uso de sua agilidade, o que, no entanto, por vezes acontece, como se pode julgar a partir do exemplo que oferece: "Ao desembarcar no Cabo, conta ele, um marinheiro holandês encarregou um hotentote de segui-lo até a cidade com um rolo de tabaco de cerca de vinte libras. Quando se encontraram a certa distância da tropa, o hotentote perguntou ao marinheiro se este sabia correr.

– Correr? – questionou o holandês.

– Sim, muito bem.

– Vejamos – retomou o africano. E, fugindo com o tabaco, desapareceu quase de imediato. O marinheiro, espantado com a maravilhosa velocidade, sequer cogitou persegui-lo e jamais voltou a ver o seu tabaco nem o seu carregador."

De tão ágil que é o seu olhar e de tão certeira que é a sua mão, os europeus sequer chegam perto. A cem passos, acertarão

---

73. Peter Kolben (1675-1726), viajante alemão, famoso por seus relatos sobre o Cabo da Boa Esperança. (N.T.)

com uma pedra uma marca do tamanho de um meio-soldo e o que há de mais surpreendente é que, em vez de fixar como nós os olhos no alvo, fazem movimentos e contorções contínuas. Parece que sua pedra é levada por uma mão invisível. O padre du Tertre[74] diz, sobre os selvagens das Antilhas, mais ou menos as mesmas coisas que se acaba de ler sobre o hotentotes do Cabo da Boa Esperança. Exalta, sobretudo, a precisão com que acertam com suas flechas os pássaros em voo e os peixes nadando, que, em seguida, agarram ao mergulharem. Os selvagens da América setentrional não são menos famosos pela força e destreza. A seguir, um exemplo que permitirá talvez julgar as dos índios da América meridional.

No ano de 1746, um índio de Buenos Aires, tendo sido condenado às galés em Cádiz, propôs ao governador que resgatasse a sua liberdade expondo a sua vida em uma festa pública. Prometeu que atacaria sozinho o mais feroz dos touros, sem qualquer outra arma além de uma corda, que o derrubaria, que o agarraria com a corda pela parte que se lhe indicasse, que o selaria, o conteria, o montaria e combateria, assim montado, dois outros touros dos mais furiosos que se fizessem sair do touril[75], e que os mataria, um depois do outro, no instante em que se lhe ordenasse e sem o socorro de ninguém, o que lhe foi concedido. O índio cumpriu sua palavra e obteve êxito em tudo o que prometera; sobre o modo como realizou tal feito e sobre todo o detalhe do combate, pode-se consultar o primeiro tomo *in-12* das *Observações sobre a história natural*[76], de onde este fato foi extraído.

---

74. Jean-Baptiste du Tertre (1610-1687), botânico e missionário dominicano, autor de importante relato de viagem às Antilhas (*Histoire générale des Antilles habitées par les François*, 1667-71). (N.T.)

75. Local da arena em que os touros permanecem trancados, antes da tourada. (N.T.)

76. GAUTIER D'AGOTY, Jacques (1717-1785). *Observations sur l'histoire naturelle, sur la physique et la peinture*. p. 262. (N.T.)

(7) "A duração da vida dos cavalos, afirma o sr. de Buffon, é, assim como para todas as outras espécies de animais, proporcional à duração do tempo de seu crescimento. O homem, que leva quatorze anos para crescer, pode viver seis ou sete vezes esse tempo, isto é, noventa ou cem anos; o cavalo, cujo crescimento se perfaz em quatro anos, pode viver seis ou sete vezes essa duração, isto é, vinte e cinco ou trinta anos. Os exemplos que poderiam ser contrários a essa regra são tão raros que não se deve sequer encará-los como uma exceção da qual se possa tirar consequências e, como os cavalos grandes completam o seu crescimento em menos tempo que os cavalos finos, também vivem menos tempo e estão velhos já aos quinze anos." (*História natural, Do cavalo*).

(8) Creio ver entre os animais carniceiros e os frugívoros outra diferença ainda mais geral do que a que assinalei na nota 5, na medida em que se estende aos pássaros. Essa diferença consiste no número de filhotes, nunca superior a dois por ninhada, para as espécies que vivem apenas de vegetais, e que ordinariamente ultrapassa esse número entre os animais vorazes. É fácil conhecer, a esse respeito, a destinação da natureza pelo número de mamas, que não passa de duas em cada uma das fêmeas da primeira espécie, como a jumenta, a vaca, a cabra, a corça, a ovelha etc., e que é sempre de seis ou oito nas outras fêmeas, como a gata, a loba, a tigresa etc. A galinha, a gansa, a pata, todas são pássaros vorazes, assim como a águia, a gaviã e a coruja, e também põem e chocam um grande número de ovos, o que jamais acontece com a colomba, com a rola, nem com os pássaros que nada comem além de grãos e que põem e chocam apenas dois ovos por vez. A razão que se poderia dar para essa diferença é que os animais que vivem apenas de ervas e plantas, por permanecerem quase o dia todo no pasto e serem forçados a empregar muito mais tempo para alimentar-se, não seriam capazes de amamentar muitos filhotes, ao passo que os vorazes, por fazerem sua refeição quase em um instante, podem mais fácil e frequentemente retornar aos seus filhotes e à sua caça e remediar o desperdício de tamanha quantidade de leite. Existiriam, a respeito de tudo isso, observações particulares e reflexões a serem feitas, mas não é este o lugar para isso e basta-me ter mostrado, nesta parte, o sistema mais geral da natureza, sistema que fornece uma nova razão para tirar o homem da classe dos animais carniceiros e colocá-lo entre as espécies frugívoras.

(9) Um autor célebre, calculando os bens e os males da vida humana e comparando as duas somas, notou que a última ultrapassava em muito a primeira e que, no fim, a vida era, para o homem, um presente bastante ruim. Não estou de forma alguma surpreso com a conclusão; ele tirou todos os seus raciocínios da constituição do homem civil: se tivesse remontado até o homem natural, pode-se supor que teria chegado a resultados muito diferentes, que teria percebido que o homem não possui outros males além dos que conferiu a si mesmo e que a natureza estaria justificada. Não foi sem dificuldade que conseguimos nos tornar tão infelizes. Quando, por um lado, consideram-se os imensos trabalhos dos homens, tantas ciências aprofundadas, tantas artes inventadas, tantas forças empregadas, abismos preenchidos, montanhas derrubadas, rochedos despedaçados, rios tornados navegáveis, terras arroteadas, lagos escavados, pântanos dessecados, construções enormes erguidas sobre a terra, o mar coberto de navios e de marinheiros e, por outro, procura-se, com um pouco de meditação, as verdadeiras vantagens que resultaram de tudo isso para a felicidade da espécie humana, pode-se apenas ficar abalado com a espantosa desproporção que reina entre essas coisas e deplorar a cegueira do homem, que, para alimentar seu louco orgulho e sabe-se lá que vã admiração de si mesmo, faz com que corra com ardor em busca de todas as misérias de que é suscetível e que a natureza benfazeja tinha tomado o cuidado de afastar dele.

De que os homens são maus, uma triste e contínua experiência dispensa a prova; contudo, que o homem é naturalmente bom, creio tê-lo demonstrado. O que pode, portanto, tê-lo depravado a esse ponto senão as mudanças advindas na sua constituição, os progressos que fez e os conhecimentos que adquiriu? Por mais que se admire a sociedade humana, não será menos verdade que ela leva necessariamente os homens a odiarem-se entre si à medida que seus interesses se cruzam, a prestarem-se mutuamente serviços aparentes e a fazerem-se efetivamente todos os males imagináveis. O que se pode pensar de um comércio em que a razão de cada particular lhe dita máximas diretamente contrárias às que a razão pública prega ao corpo da sociedade e onde cada um encontra a sua vantagem na infelicidade de outrem? Talvez não haja um homem abastado a quem herdeiros ávidos e, muitas vezes, seus próprios filhos não desejem secretamente a morte; nenhum navio no mar cujo naufrágio não seria uma boa nova para algum negociante; nenhuma casa que um devedor não desejaria ver queimar com todos os papéis que contém; nenhum povo que não se regozijaria com os desastres de seus vizinhos. É assim que encontramos nossa vantagem no prejuízo de nossos semelhantes e que a perda de um faz, quase sempre, a prosperidade do outro, mas o que há de ainda mais perigoso é que as calamidades públicas são a expectativa e a esperança de uma multidão de particulares. Uns querem doenças, outros a mortalidade, outros a guerra, outros a fome; vi homens atrozes chorarem de dor diante da probabilidade de um ano fértil, e o grande e funesto incêndio de Londres, que custou a vida ou os bens a tantos infelizes, fez talvez a fortuna de mais de dez mil pessoas. Sei que Montaigne culpa o ateniense Dêmades por ter mandado punir um artesão que, ao vender caixões a alto preço, ganhava muito com a morte dos cidadãos[77], mas, consistindo a razão que Montaigne alega em que se deveria punir todo o mundo, é evidente que ela confirma as minhas.

Que se penetre, pois, em meio às nossas demonstrações frívolas de benevolência, no que se passa no fundo do coração e que se reflita sobre o que deve ser um estado de coisas em que todos os homens são forçados a acariciar-se e destruir-se mutuamente e no qual nascem inimigos por dever e traiçoeiros por interesse. Caso me fosse respondido que a sociedade é de tal forma constituída que cada homem ganha ao servir os outros, replicarei que isso seria muito bom, se não ganhasse ainda mais ao prejudicá-los. Não há qualquer proveito que seja tão legítimo a ponto de não ser ultrapassado por aquele que se pode fazer ilegitimamente, sendo o dano causado ao próximo sempre mais lucrativo do que os serviços. Resta, assim, apenas encontrar os meios de garantir a própria impunidade e é para isso que os poderosos empregam todas as suas forças, e os fracos todas as suas astúcias.

O homem selvagem, depois de ter se alimentado, se vê em paz com toda a natureza e amigo de todos os seus semelhantes. E quando deve, por vezes, disputar a sua refeição, jamais chega às vias de fato sem antes ter comparado a dificuldade de vencer com a de encontrar alhures a sua subsistência e, como o orgulho não interfere no combate, este se encerra com alguns murros. O vencedor come, o vencido vai tentar a sorte, e tudo fica em paz. Com o homem em sociedade, porém, tudo é bem diferente: trata-se, primeiramente, de prover o necessário e, em seguida, o supérfluo; então, vêm as delícias, e logo as imensas riquezas, e depois os súditos, e os escravos; não há um único momento de descanso. O que há de mais singular é que quanto menos as necessidades são naturais e urgentes, tanto

---

77. Cf. Montaigne. *Ensaios*, livro I, capítulo XXI. (N.T.)

mais aumentam as paixões e, o que é pior, o poder de satisfazê-las, de forma que, depois de longas prosperidades, depois de ter engolido muitos tesouros e desolado muitos homens, meu herói acabará arruinando tudo, até tornar-se o único senhor do universo. Tal é, de forma resumida, o quadro moral, senão da vida humana, ao menos das pretensões secretas do coração de todo homem civilizado.

Comparai, sem preconceitos, o estado do homem civil com o do homem selvagem e investigai, se puderdes, quanto ao primeiro, para além de sua maldade, de suas necessidades e de suas misérias, quantas portas abriu para a dor e a morte. Se considerardes os tormentos de espírito que nos consomem, as paixões violentas que nos desgastam e nos desolam, os trabalhos excessivos dos quais os pobres são sobrecarregados, a indolência ainda mais perigosa à qual os ricos se abandonam, levando à morte uns por suas necessidades e outros por seus excessos; se pensardes nas monstruosas misturas de alimentos, nos seus perniciosos condimentos, nos víveres corrompidos, nas drogas falsificadas, nas patifarias dos que as vendem, nos erros dos que as administram, no veneno das vasilhas em que são preparadas; se prestardes atenção às doenças epidêmicas geradas pelo mau ar entre multidões de homens reunidos, às ocasionadas pela delicadeza de nosso modo de viver, às passagens alternadas do interior de nossas casas para o ar livre, ao uso das roupas vestidas ou despidas com pouquíssima precaução e a todos os cuidados que nossa sensualidade excessiva transformou em hábitos necessários e cuja negligência ou privação nos custa, então, a vida ou a saúde; se considerardes os incêndios e os terremotos que, consumindo ou derrubando cidades inteiras, fazem perecer os habitantes aos milhares; em uma palavra; se reunirdes os perigos que todas essas causas juntam continuamente sobre nossas cabeças, sentireis o quanto a natureza nos faz pagar caro o desprezo que tivemos por suas lições.

Sobre a guerra, não repetirei aqui o que já disse antes, mas gostaria que as pessoas instruídas quisessem ou ousassem, por uma vez, oferecer ao público o detalhe dos horrores que se cometem nos exércitos pelos fornecedores de víveres e de hospitais; ver-se-ia que suas manobras nem tão secretas, por intermédio das quais os mais brilhantes exércitos desaparecem em um instante, fazem perecer mais soldados do que ceifa o ferro inimigo. Constitui ainda um cálculo não menos espantoso aquele dos homens que o mar engole todos os anos, seja pela fome, pelo escorbuto, pelos piratas, pelo fogo, pelos naufrágios. Está claro que também é preciso colocar na conta da propriedade estabelecida e, consequentemente, da sociedade, os assassinatos, os envenenamentos, os roubos de estradas e até as punições desses crimes, punições necessárias para prevenir maiores males, mas que, para o homicídio de um homem que custa a vida de dois ou mais, não deixam de realmente duplicar a perda da espécie humana. Por quantos meios vergonhosos impede-se o nascimento dos homens e engana-se a natureza? Seja por esses gostos brutais e depravados que insultam a sua mais encantadora obra, gostos que nem os selvagens, nem os animais jamais conheceram e que só nasceram nos países policiados por conta de uma imaginação corrompida; seja por esses abortos secretos, frutos dignos do deboche e da honra viciosa; seja pela exposição ou homicídio de uma multidão de crianças, vítimas da miséria de seus pais ou da vergonha bárbara de suas mães; seja, por fim, pela mutilação desses infelizes dos quais uma parte da existência e toda a posteridade são sacrificadas a canções vãs ou, o que é ainda pior, à inveja brutal de alguns homens, mutilação que, neste último caso, ultraja duplamente a natureza, pelo tratamento que recebem os que a sofrem e pelo uso a que estão destinados!

Mas não existem mil casos ainda mais frequentes e mais perigosos, em que os direitos paternais ofendem abertamente a humanidade? Quantos talentos dissimulados e inclinações forçadas pelo imprudente constrangimento dos pais! Quantos homens, que teriam se destacado num estado conveniente, morrem infelizes e desonrados num outro estado para o qual não tinham o menor gosto! Quantos casamentos felizes, mas desiguais, foram rompidos ou abalados, e quantas castas esposas desonradas por essa ordem de condições sempre em contradição com a da natureza! Quantas outras uniões esquisitas formadas pelo interesse e reprovadas pelo amor e pela razão! Até mesmo quantos esposos honestos e virtuosos se supliciam mutuamente por terem sido mal combinados! Quantas jovens e infelizes vítimas da avareza de seus pais mergulham no vício, ou passam seus tristes dias entre lágrimas e gemem sob os laços indissolúveis que o coração rejeita e que apenas o ouro constituiu! Felizes, por vezes, aquelas cuja coragem e a própria virtude arrancam da vida antes de uma violência bárbara forçá-las a entrar para o crime ou em desespero! Perdoai-me, pai e mãe para sempre deploráveis; agravo, com pesar, as vossas dores, mas possam elas servir de exemplo eterno e terrível a quem quer que ouse, mesmo em nome da natureza, violar o mais sagrado de seus direitos!

Se apenas me referi a esses laços mal constituídos, que são obra de nossa polícia, deve-se por isso crer que aqueles presididos pelo amor e a simpatia estejam isentos de inconvenientes? O que aconteceria se procurasse mostrar a espécie humana atacada na sua própria fonte e até no mais santo de todos os laços, onde não se ousa mais escutar a natureza senão depois de ter consultado a fortuna e onde a desordem civil, confundindo as virtudes e os vícios, torna a continência uma precaução criminosa e a recusa de dar a vida ao seu semelhante um ato de humanidade? Mas, sem rasgar o véu que cobre tantos horrores, contentemo-nos em indicar o mal para o qual outros devem trazer o remédio.

Acrescente-se a tudo isso essa quantidade de ofícios insalubres que abreviam os dias ou destroem o temperamento, tais como os trabalhos das minas, os diferentes preparos dos metais, dos minerais, sobretudo os do chumbo, do cobre, do mercúrio, do cobalto, do arsênico, do rosalgar, assim como esses outros ofícios perigosos que custam, todos os dias, a vida a um grande número de operários, sejam eles telhadores, carpinteiros, pedreiros ou outros que trabalhem nas pedreiras; reúnam-se, digo, todos esses objetos e poder-se-ão ver, no estabelecimento e na perfeição das sociedades, as razões da diminuição da espécie, observada por mais de um filósofo.

O luxo, impossível de prevenir nos homens ávidos de suas próprias comodidades e da estima dos outros, logo consuma o mal que as sociedades começaram e, sob o pretexto de fazer viver os pobres, o que não se tinha de fazer, empobrece todo o resto e, mais cedo ou mais tarde, despovoa o Estado.

O luxo é um remédio muito pior do que o mal que pretende curar ou, antes, é ele mesmo o pior de todos os males, em qualquer Estado, seja ele grande ou pequeno, e, para alimentar multidões de criados e de miseráveis por ele constituídos, oprime e arruína o lavrador e o cidadão, tal como esses ventos ardentes do Sul que, cobrindo a grama e a verdura de insetos devoradores, privam de subsistência os animais úteis e levam a penúria e a morte a todos os lugares em que se fazem sentir.

Da sociedade e do luxo por ela gerado nascem as artes liberais e mecânicas, o comércio, as letras e todas essas inutilidades que fazem florescer a indústria, enriquecem e perdem os Estados. A razão dessa deterioração é muito simples. É fácil ver que, por sua natureza, a agricultura deve ser a menos lucrativa de todas as artes, pois, sendo o seu produto o de uso mais indispensável a todos os homens, o seu preço deve ser proporcional às faculdades dos mais pobres. Desse mesmo princípio pode-se extrair a regra segundo a qual, em geral, as artes são lucrativas na razão inversa de sua utilidade e que as mais necessárias devem, por fim, tornar-se as mais negligenciadas. Por aí, vê-se o que é preciso pensar das verdadeiras vantagens da indústria e do efeito real que resulta de seus progressos.

Tais são as causas sensíveis de todas as misérias em que a opulência acaba por precipitar as nações mais admiradas. À medida que a indústria e as artes se estendem e florescem, o cultivador desprezado, onerado por impostos necessários à manutenção do luxo e condenado a passar a vida entre o trabalho e a fome, abandona os seus campos para buscar, nas cidades, o pão que deveria a ela trazer. Quanto mais as capitais enchem de admiração os olhos estúpidos do povo, mais se deveria lamentar ver os campos abandonados, as terras incultas e as estradas inundadas de infelizes cidadãos, transformados em mendigos ou ladrões e destinados a terminar, algum dia, a sua miséria sobre a roda[78] ou na imundície. É assim que o Estado, enriquecendo-se por um lado, se enfraquece e despovoa-se por outro, e que as mais poderosas monarquias, após tantos esforços para tornarem-se opulentas e desertas, acabam por transformar-se na presa das nações pobres, que sucumbem à funesta tentação de invadi-las e que, por sua vez, se enriquecem e se enfraquecem até que também elas sejam invadidas e destruídas por outras.

Que se dignem explicar-nos, por uma vez, o que teria podido produzir esse enxame de bárbaros que durante tantos séculos infestou a Europa, a Ásia e a África. Era à indústria de suas artes, à sabedoria de suas leis, à excelência de sua polícia que deviam essa prodigiosa população? Que nossos sábios queiram dizer-nos por que, longe de multiplicar-se a esse ponto, esses homens ferozes e brutais, sem luzes, sem freio, sem educação, não degolavam uns aos outros a cada instante para disputar seu pasto ou sua caça; que nos expliquem apenas como esses miseráveis tiveram a audácia de encarar as pessoas tão

---

78. Modo de execução que consistia em expor-se o condenado sobre uma roda até o seu último suspiro, após terem os seus membros sido previamente rompidos com uma barra de ferro. O suplício podia durar algumas horas ou, até mesmo, alguns dias. (N.T.)

hábeis que éramos, com tão bela disciplina militar, tão belos códigos e tão sábias leis; enfim, por que, desde que a sociedade se aperfeiçoou nos países do norte e se empregou tanto esforço para ensinar aos homens seus deveres mútuos e a arte de viver agradável e pacificamente juntos, nada se vê aparecer de semelhante a essas multidões de homens que se produziam então. Tenho muito receio de que alguém se atreva, afinal, a responder-me que todas essas grandes coisas, isto é, as artes, as ciências e as leis, foram muito sabiamente inventadas pelos homens como uma peste salutar para prevenir a excessiva multiplicação da espécie, por medo de que esse mundo, que nos é destinado, não se torne, por fim, demasiado pequeno para os seus habitantes.

Pois bem! É preciso destruir as sociedades, aniquilar o teu e o meu e voltar a viver nas florestas com os ursos? Consequência à maneira de meus adversários, que prefiro prevenir a deixar-lhes a vergonha de enunciá-la. Ó, vós, por quem a voz celeste não se fez ouvir e que não reconheceis para vossa espécie outro destino senão o de terminar em paz essa vida curta; vós, que podeis deixar no meio das cidades vossas funestas aquisições, vosso espírito inquieto, vosso coração corrompido e vossos desejos desenfreados, retomai, na medida em que depende de vós, vossa antiga e primeira inocência; ide nos bosques perder a vista e a memória dos crimes de vossos contemporâneos e de modo algum temais aviltar vossa espécie, renunciando às suas luzes para renunciar aos seus vícios. Quanto aos homens semelhantes a mim, cujas paixões destruíram para sempre a simplicidade original, que não podem mais alimentar-se de ervas e de bolotas, nem privar-se de leis e de chefes; aqueles que foram honrados, na pessoa de seu primeiro pai, com lições sobrenaturais; aqueles que verão, na intenção de dar, de início, às ações humanas uma moralidade que não teriam adquirido antes de muito tempo, a razão de um preceito indiferente em si mesmo e inexplicável em qualquer outro sistema; em uma palavra, aqueles que estão convencidos de que a voz divina convocou todo o gênero humano às luzes e à felicidade das inteligências celestes: todos esses se esforçarão, pelo exercício das virtudes que se obrigam a praticar ao aprenderem a conhecê-las, em merecer o prêmio eterno que delas devem esperar; respeitarão os laços sagrados das sociedades de que são membros; amarão seus semelhantes e os servirão com todas as suas forças; obedecerão escrupulosamente às leis e aos homens que são seus autores e ministros; honrarão, sobretudo, os bons e sábios príncipes que saberão prevenir, curar ou atenuar essa multidão de abusos e de males sempre prestes a nos abater; animarão o zelo desses chefes dignos, mostrando--lhes, sem temor e sem bajulação, a grandeza de sua tarefa e o rigor de seu dever, mas não deixarão de desprezar uma constituição que não se pode manter senão com a ajuda de tantas pessoas respeitáveis, que frequentemente se deseja mais do que de fato se obtém, e da qual, apesar de todos os seus cuidados, nascem sempre mais calamidades reais do que vantagens aparentes.

(10) Entre os homens que conhecemos, por nós mesmos, pelos historiadores ou pelos viajantes, uns são negros, outros brancos e outros vermelhos; uns têm os cabelos longos, outros apenas uma lã frisada; uns são quase inteiramente peludos, outros sequer possuem barba. Houve, e talvez ainda haja, nações de homens de tamanho gigantesco e, deixando de lado a fábula dos pigmeus, que pode muito bem ser apenas um exagero, sabe-se que os lapões e, sobretudo, os groenlandeses se encontram muito acima da estatura média do homem. Pretende-se, até mesmo, existirem povos inteiros que, assim como os quadrúpedes, possuem caudas. E, sem depositar uma fé cega nos relatos de Heródoto e de Ctésias[79], pode-se, ao menos, extrair-lhes a opinião, muito verossímil, segundo

---

79. Ctésias de Cnido, médico e historiador grego, autor de uma história dos persas. (N.T.)

a qual, caso se tivessem podido fazer boas observações nesses tempos antigos, em que os diferentes povos seguiam modos de viver mais diferentes entre si do que o fazem os atuais, ter-se--iam observado também, na aparência e na disposição do corpo, variedades muito mais impressionantes. Todos esses fatos, para os quais é fácil fornecer provas incontestáveis, só podem surpreender aqueles que estão acostumados a observar apenas os objetos que os circundam e que ignoram os poderosos efeitos da diversidade dos climas, do ar, dos alimentos, do modo de viver, dos hábitos em geral e, sobretudo, a força surpreendente das mesmas causas, quando agem continuamente sobre longas sequências de gerações. Hoje, visto que o comércio, as viagens e as conquistas reúnem mais os diversos povos e que seus modos de viver se aproximam continuamente, mediante comunicação frequente, percebe-se que certas diferenças nacionais diminuíram e cada qual pode observar, por exemplo, que os franceses de hoje não correspondem mais a esses grandes corpos brancos e louros descritos pelos historiadores latinos, embora o tempo, juntamente com a mistura dos francos e dos normandos, eles também brancos e louros, deve ter restabelecido o que o convívio com os romanos possa ter suprimido da influência do clima na constituição natural e na tez dos habitantes. Todas essas observações sobre as variedades que mil causas podem produzir e, de fato, produziram na espécie humana me fazem questionar se diversos animais semelhantes aos homens, tomados por bestas pelos viajantes, sem exame apurado, em razão de algumas diferenças observadas na conformação exterior, ou apenas porque esses animais não falavam, não seriam, na verdade, verdadeiros homens selvagens, cuja raça, há muito tempo dispersa nas florestas, não tinha tido a ocasião de desenvolver nenhuma de suas faculdades virtuais, não tinha adquirido nenhum grau de perfeição e se encontrava ainda no estado primitivo de natureza. Apresentemos um exemplo do que quero dizer:

"Encontra-se, diz o tradutor da *História das viagens*[80], no reino do Congo, uma grande quantidade desses animais grandes que, nas Índias Orientais, chamam-se orangotangos e constituem algo como o meio-termo entre a espécie humana e os babuínos. Battel conta que, nas florestas de Mayombe[81], no reino de Loango, encontram-se duas espécies de monstros, dos quais os maiores se chamam *pongos* e os demais *enjocos*. Os primeiros têm uma semelhança exata com o homem, mas são muito mais largos e de grandíssima estatura. Com um rosto humano, possuem os olhos muito encovados. Suas mãos, bochechas e orelhas são desprovidas de pelos, com exceção das sobrancelhas, que são muito longas. Embora tenham o resto do corpo bastante peludo, o pelo não é tão espesso e sua cor é morena. Por fim, a única parte que os distingue dos homens é a perna, que, no caso, não tem panturrilha. Caminham eretos, segurando com a mão o pelo do pescoço; seu retiro está nos bosques, dormem sobre as árvores e constroem nelas uma espécie de teto, que os protege da chuva. Seus alimentos são frutas e nozes selvagens. Nunca comem carne. O costume dos negros que atravessam as florestas é acender fogueiras durante a noite; observam que, de manhã, ao saírem, os pongos tomam o seu lugar em volta da fogueira e não se retiram antes que se apague, pois, apesar de sua grande destreza, não possuem juízo suficiente para alimentá-la, nela introduzindo lenha.

"Andam, por vezes, em bandos e matam os negros que atravessam as florestas. Caem até mesmo sobre os elefantes, que vêm pastar nos locais que habitam, e os incomodam tanto com murros ou pauladas que os forçam a fugir aos gritos. Nunca se agarram pongos vivos, pois são tão robustos que

---

80. *Histoire des Voyages*, periódico do século XVIII. (N.T.)

81. O texto original traz uma grafia diferente (*Mayomba*) para essa região da África ocidental. (N.T.)

dez homens não bastariam para detê-los, mas os negros apanham uma grande quantidade de jovens, após matarem a mãe, ao corpo da qual o filhote se agarra fortemente. Quando um desses animais morre, os outros cobrem o seu corpo com uma pilha de ramos ou folhagens. Purchass[82] acrescenta que, nas conversas que tinha tido com Battel, ouviu dele que um pongo lhe arrebatou um negrinho, que passou um mês inteiro na companhia desses animais, pois não fazem mal algum aos homens que surpreendem, ao menos quando estes não olham para eles como havia notado o negrinho. Battel não descreveu a segunda espécie de monstro.

"Dapper[83] confirma que o reino do Congo está repleto desses animais que, nas Índias, recebem o nome de orangotangos, isto é, habitantes dos bosques, e que os africanos chamam de *quojas morros*. Esse animal é tão semelhante ao homem que ocorreu a alguns viajantes que podia ter sido fruto de uma mulher e de um macaco, quimera que os próprios negros rejeitam. Um desses animais foi levado do Congo para a Holanda e apresentado ao príncipe de Orange, Frederico Henrique. Tinha a altura de uma criança de três anos e uma corpulência medíocre, mas era forte e bem proporcional, muito ágil e vivaz, com pernas carnudas e robustas, a frente do corpo nua, mas a parte de trás coberta de pelos negros. À primeira vista, o rosto se assemelhava ao de um homem, mas tinha o nariz achatado e recurvado; as orelhas também eram iguais às da espécie humana; o seio, pois se tratava de uma fêmea, era rechonchudo; o umbigo encovado, os ombros estreitos, as mãos divididas em dedos e polegares, as panturrilhas e

---

82. Samuel Purchass (ou Purchas) (1577-1626), clérigo inglês, responsável pela publicação de diversos relatos de viagem. (N.T.)

83. Olfert Dapper (1635-1689), escritor e físico holandês, autor de uma importante *Descrição da África* (1668), muito embora nunca tenha visitado o continente. (N.T.)

calcanhares gordos e carnudos. Andava frequentemente ereto sobre as pernas; era capaz de levantar e carregar cargas bastante pesadas. Quando desejava beber, pegava a tampa da vasilha com uma mão e segurava o fundo com a outra; em seguida, enxugava graciosamente os lábios. Para dormir, deitava a cabeça sobre uma almofada, cobrindo-se com tanta destreza que podia ser tomado por um homem na cama. Os negros fazem estranhos relatos desse animal; garantem não apenas que ele força as mulheres e as filhas, mas que também ousa atacar homens armados. Em uma palavra, é muito provável que se trate do sátiro dos antigos[84]. Merolla[85] talvez se refira apenas a esses animais, quando conta que, por vezes, os negros agarram, em suas caças, homens e mulheres selvagens."

Fala-se ainda dessas espécies de animais antropoformes no terceiro volume da mesma *História das viagens*, sob o nome de *beggos* e *mandrills*, mas, para nos atermos aos relatos precedentes, encontram-se, na descrição desses pretensos monstros, conformidades espantosas com a espécie humana e diferenças menores do que as que se poderiam apontar entre um homem e outro. Não se identificam, nessas passagens, as razões em que se baseiam os autores para recusar aos animais em questão o nome de homens selvagens, mas é fácil conjecturar que isso se deve à sua estupidez e também ao fato de não falarem: razões fracas para aqueles que sabem que, embora o órgão da palavra seja natural ao homem, a palavra em si não lhe é, entretanto, natural e que sabem até que ponto a sua perfectibilidade pode ter elevado o homem civil acima de seu estado original.

---

84. Nessa passagem, Rousseau alude às observações de Nicolaes Tulp, médico holandês, autor de *Observationes Medicae* (1641), obra pioneira que trazia descrições e gravuras de símios e na qual o autor referia-se ao orangotango como o "sátiro dos antigos", isto é, o animal que deu origem ao mito do sátiro. (N.T.)

85. Geronimo Merolla di Sorrento, missionário capuchinho, autor de relatos sobre as suas viagens pela África. (N.T.)

O pequeno número de linhas que contêm essas descrições nos permite julgar o quanto esses animais foram mal observados e com que preconceitos foram vistos. São, por exemplo, qualificados de monstros e, no entanto, admite-se que procriam. Em certa passagem, Battel afirma que os pongos matam os negros que atravessam as florestas; em outra, Purchass acrescenta que não lhes fazem mal algum, mesmo quando os surpreendem, ou, pelo menos, quando os negros não se metem a encará-los. Os pongos se reúnem em volta das fogueiras acesas pelos negros quando estes se retiram; e retiram-se, por sua vez, quando o fogo se apaga; este é o fato, eis agora o comentário do observador: "Pois, apesar de sua grande destreza, não possuem juízo suficiente para alimentá-la, nela introduzindo lenha". Gostaria de adivinhar como pôde Battel, ou Purchass, seu compilador, saber que a retirada dos pongos era um efeito antes de sua estupidez do que de sua vontade. Em um clima como o de Loango, o fogo não é algo muito necessário aos animais e, se os negros o acendem, é menos contra o frio do que para espantar os animais ferozes; está, portanto, muito claro que, após terem se divertido por algum tempo com a chama, ou terem se aquecido com ela, os pongos se entediam de permanecer sempre no mesmo local e se retiram para o pasto, que exige mais tempo do que se comessem carne. Aliás, sabe-se que a maioria dos animais, sem excetuar o homem, é naturalmente preguiçosa e se recusa a todos os tipos de cuidado que não sejam absolutamente necessários. Parece, por fim, muito estranho que os pongos, dos quais se louvam a destreza e a força e que sabem enterrar os seus mortos e fazer tetos de ramagens, não saibam empurrar tições no fogo. Lembro-me de ter visto um macaco realizar essa mesma manobra que não se quer que os pongos possam fazer; é verdade que, não estando minhas ideias voltadas para esse lado, eu mesmo cometi o erro que censuro em nossos viajantes e me omiti de examinar se a intenção do macaco era, de fato, alimentar o fogo ou, simplesmente, como acredito, imitar a ação de um homem. Seja como for, está muito bem demonstrado que o macaco não é uma variedade do homem, não apenas por estar privado da faculdade de falar, mas, sobretudo, por estarmos seguros de que a sua espécie não possui capacidade para aperfeiçoar-se, que é o caráter específico da espécie humana; são essas experiências que não parecem ter sido feitas com o pongo e o orangotango, com cuidado suficiente para que se pudesse extrair-lhes a mesma conclusão. No entanto, se o orangotango e outros pertencessem à espécie humana, haveria um meio pelo qual os observadores mais grosseiros poderiam se certificar disso, até mesmo com demonstração, mas, além de não bastar uma única geração para tal experiência, esta deve ser vista como impraticável, pois seria necessário que aquilo que é apenas uma suposição fosse demonstrado como verdadeiro, antes que a prova que deveria constatar o fato pudesse ser tentada inocentemente.

Os julgamentos precipitados, que não são fruto de uma razão esclarecida, estão sujeitos a conduzir a excessos. Nossos viajantes apresentam, sem cerimônia, como animais, sob os nomes de *pongos*, *mandrills* e *orangotangos*, os mesmos seres que, sob os nomes de *sátiros*, *faunos* e *silvanos*, os antigos apresentavam como divindades. Após pesquisas mais exatas, concluir-se-á talvez não serem eles nem animais, nem deuses, mas homens. Enquanto isso, parece-me haver tanta razão para recorrer, sobre esse assunto, a Merolla, religioso erudito, testemunha ocular que, a despeito de sua ingenuidade, não deixava de ser um homem de espírito, quanto ao mercador Battel, a Dapper, a Purchass e aos demais compiladores.

Que julgamento, acredita-se, teriam feito tais observadores sobre a criança encontrada em 1694, de que já falei anteriormente[86], que não manifestava nenhum sinal de razão,

---

86. Cf. nota (2). (N.T.)

andava sobre os pés e sobre as mãos, não possuía nenhuma linguagem e formava sons que em nada se pareciam com os de um homem? Muito tempo transcorreu, continua o mesmo filósofo que me forneceu esse fato, antes que ela pudesse proferir algumas palavras, embora o fizesse de maneira bárbara. Tão logo pôde falar, foi interrogada sobre o seu primeiro estado, mas dele não se lembrou mais do que nos recordamos do que nos aconteceu no berço. Se, infelizmente para ela, essa criança tivesse caído entre as mãos de nossos viajantes, não se pode duvidar que, após ter observado seu silêncio e sua estupidez, teriam tomado o partido de mandá-la de volta para o mato ou de trancá-la em um estábulo, após o que teriam falado dela, em belas narrações, como de um animal muito curioso que se assemelhava bastante ao homem.

Há trezentos ou quatrocentos anos que os habitantes da Europa inundam as outras partes do mundo e publicam incessantemente novas coleções de viagens e de relatos, mas estou convencido de que, dentre os homens, conhecemos somente os europeus; parece ainda que, dados os preconceitos ridículos que sequer se apagaram entre os letrados, que cada um faz, sob o nome pomposo de estudo do homem, tão somente o dos homens de seu país. Se os particulares podem ir e vir à vontade, a filosofia parece não viajar nunca, sendo a de cada povo pouco adequada a outro. A causa disso é manifesta, ao menos para as regiões distantes, pois existem apenas quatro tipos de homens que fazem viagens de longo curso: os marinheiros, os mercadores, os soldados e os missionários. Ora, não se deve esperar que as três primeiras classes[87] forneçam bons observadores e, quanto aos da quarta, ocupados com a vocação sublime a que foram chamados, ainda que não estivessem, como todos

---

87. Aqui, o termo *classe* é, obviamente, empregado em sentido amplo, sem denotar a ideia de classe social. (N.T.)

os outros, sujeitos a preconceitos próprios de sua posição, deve-se crer que não se entregariam de bom grado a pesquisas aparentemente de pura curiosidade e que os desviariam dos trabalhos mais importantes a que se destinam. Aliás, para pregar utilmente o Evangelho, basta ter zelo e Deus fornece o resto, mas, para estudar os homens, são necessários talentos que Deus não promete dar a ninguém e que nem sempre possuem os santos. Não se abre um único livro de viagens sem encontrar descrições de caracteres e de costumes, mas é espantoso ver que as pessoas, que tantas coisas descreveram, apenas disseram o que todos já sabiam, que não souberam perceber, do outro lado do mundo, senão o que poderiam ter observado sem sair da própria rua e que os traços verdadeiros que distinguem as nações, e que impressionam olhos feitos para ver, quase sempre escaparam aos deles. Daí veio esse belo adágio de moral, tão repetido pela turba filosófica: por serem os homens os mesmos e por possuírem em todos os lugares as mesmas paixões e os mesmos vícios, é bastante inútil procurar caracterizar os diferentes povos. Isso é quase tão lógico quanto dizer que não se poderia distinguir Pedro de Tiago[88], por terem ambos um nariz, uma boca e olhos.

Ver-se-ão algum dia renascer esses tempos felizes em que os povos não se metiam a filosofar, mas em que os Platões, os Tales e os Pitágoras, tomados por um ardente desejo de saber, empreendiam as maiores viagens, tão somente para se instruir, e iam longe para sacudir o jugo dos preconceitos nacionais, aprender a conhecer os homens por suas conformidades e diferenças e adquirir esses conhecimentos universais, que não são exclusivamente os de um século ou de um país, mas que, por pertencerem a todos os tempos e lugares, constituem, por assim dizer, a ciência comum dos sábios?

---

88. *Pierre* e *Jacques*, no texto original. (N.T.)

Admira-se a magnificência de alguns curiosos, que fizeram ou mandaram fazer, a altos custos, viagens ao Oriente, com eruditos e pintores, para lá desenhar casebres e decifrar ou copiar inscrições, mas tenho dificuldade em conceber como, em um século em que todos se gabam de seus belos conhecimentos, não se encontram dois homens muito unidos, ricos − um em espécime, o outro em genialidade −, ambos amantes da glória e aspirantes à imortalidade, dos quais um sacrifique vinte mil escudos de sua fortuna e o outro dez anos de sua vida a uma célebre viagem ao redor do mundo, para nele estudar, não apenas pedras e plantas, mas, desta vez, homens e costumes, e que, após tantos séculos empregados a medir e considerar a casa, disponham-se finalmente a querer conhecer os seus habitantes.

Os acadêmicos que percorreram as partes setentrionais da Europa e meridionais da América tinham por objetivo visitá-las mais como geômetras do que como filósofos. No entanto, como eram, ao mesmo tempo, uma coisa e outra, não se pode considerar como absolutamente desconhecidas as regiões que foram vistas e descritas pelos La Condamine e os Maupertuis[89]. O joalheiro Chardin[90], que viajou como Platão, nada deixou que dizer sobre a Pérsia. A China parece ter sido bem observada pelos jesuítas. Kaempfer[91] dá uma ideia passável do pouco que viu no Japão. Exceção feita a esses

---

89. Charles Marie de La Condamine (1701-74), cientista, explorador e enciclopedista francês, que fez parte de expedições no Equador e na Amazônia. Pierre Louis Moreau de Maupertuis (1698-1751), filósofo, matemático (geômetra), astrônomo, físico e naturalista francês. Conduziu uma importante expedição à Lapônia, no Norte da Europa. (N.T.)

90. Jean Chardin (1643-1713), joalheiro, escritor e viajante francês, cujos diários de viagem à Pérsia foram considerados importantes fontes históricas sobre a região. (N.T.)

91. Engelbert Kaempfer (1651-1716), naturalista e físico alemão, famoso por suas viagens pelo Oriente, e especialmente o Japão. (N.T.)

relatos, não conhecemos nada dos povos das Índias orientais, frequentadas unicamente por europeus mais curiosos em encher suas bolsas do que sua cabeça. A África inteira e seus numerosos habitantes, tão singulares por seu caráter quanto por sua cor, ainda devem ser examinados; toda a terra está coberta de nações das quais só conhecemos os nomes e nós ainda nos metemos a julgar o gênero humano! Suponhamos um Montesquieu, um Buffon, um Diderot, um Duclos, um D'Alembert, um Condillac ou outros homens dessa estirpe, viajando para instruir os seus compatriotas, observando e descrevendo, como sabem fazê-lo, a Turquia, o Egito, a Barbaria, o império do Marrocos, a Guiné, o país dos cafres, o interior da África e suas costas orientais, os malabares, o Mogol, as margens do Ganges, os reinos do Sião, de Pegu e de Ava, a China, a Tartária e, sobretudo, o Japão; em seguida, no outro hemisfério, o México, o Peru, o Chile, as terras magelânicas[92], sem esquecer os patagões verdadeiros ou falsos, o Tucumã, o Paraguai, se possível, o Brasil e, por fim, o Caribe, a Flórida e todas as regiões selvagens, viagem mais importante de todas e aquela que se deveria fazer com o maior cuidado. Suponhamos que esses novos Hércules, ao retornarem dessas excursões memoráveis, se dedicassem então, sem pressa, à história natural, moral e política do que tivessem visto; nós mesmos veríamos sair um mundo novo de sua pena e aprenderíamos, assim, a conhecer o nosso; digo que, quando tais observadores afirmarão, sobre um animal, tratar-se de um homem e, sobre outro, tratar-se de um bicho, será necessário acreditar neles; mas seria uma grande tolice[93] recorrer, a esse respeito, a viajantes

---

92. As terras magelânicas são uma região geográfica situada no Cone Sul, na parte meridional do continente americano. Incluem a Terra do Fogo e o estreito que leva o nome do navegador português Fernando de Magalhães. (N.T.)

93. No original, *simplicité*, isto é, simplicidade, aqui indicando caráter exageradamente ingênuo e crédulo. (N.T.)

grosseiros, sobre os quais ficaríamos, por vezes, tentados a fazer a mesma pergunta que se metem a resolver sobre outros animais.

(11) Isso me parece acima de qualquer dúvida e não poderia imaginar de onde nossos filósofos podem fazer nascer todas as paixões que atribuem ao homem natural. Excetuado apenas o necessário físico, imposto pela própria natureza, todas as nossas outras necessidades somente o são pelo hábito, antes do qual não eram necessidades, ou por nossos desejos, e não se deseja aquilo que não se está em condição de conhecer. Resulta disso que, por desejar o homem selvagem apenas as coisas que conhece e conhecer apenas aquelas cuja posse está em seu poder ou é fácil de adquirir, nada deve ser tão tranquilo quanto a sua alma, e nada tão limitado quanto o seu espírito.

(12) Encontro, no *Governo civil* de Locke, uma objeção que me parece especiosa demais para que me seja permitido dissimulá-la. "Não sendo o fim da sociedade entre o macho e a fêmea, diz o filósofo, apenas procriar, mas continuar a espécie, essa sociedade deve durar, mesmo após a procriação, ao menos todo o tempo necessário à alimentação e à conservação dos procriados, isto é, até que sejam capazes de atender, por si próprios, às suas necessidades. Vemos que essa regra, estabelecida pela sabedoria infinita do Criador para as obras de suas mãos, é constante e exatamente observada pelas criaturas inferiores ao homem. Entre os animais que vivem de ervas, a sociedade entre o macho e a fêmea não dura mais do que cada ato de copulação, pois, sendo as mamas da mãe suficientes para alimentar os filhotes até que sejam capazes de pastar a grama, contenta-se o macho em gerar e, após isso, não se envolve mais com a fêmea ou com os filhotes, para cuja subsistência não pode contribuir em nada. Mas, entre os animais de presa, a sociedade dura mais, dado que, não podendo a mãe prover à própria subsistência e, ao mesmo tempo, alimentar os filhotes com sua única presa, que constitui um modo de alimentar-se mais laborioso e mais perigoso do que o de alimentar-se de

ervas, a assistência do macho é inteiramente necessária para a manutenção de sua família comum – se é possível usar essa expressão –, a qual, até poder procurar alguma presa, não poderia subsistir senão pelos cuidados do macho e da fêmea. Observase a mesma coisa entre todos os pássaros, exceção feita a alguns pássaros domésticos, que se encontram em locais onde a contínua abundância de alimento isenta o macho do cuidado de alimentar os filhotes; vê-se que, enquanto os filhotes, no ninho, precisam de alimentos, o macho e a fêmea os levam até eles, até poderem voar e prover à própria subsistência.

"E nisso consiste, a meu ver, a principal, senão a única, razão pela qual o macho e a fêmea, no gênero humano, se veem obrigados a uma sociedade mais longa do que a que mantém as demais criaturas. Essa razão consiste em ser a mulher capaz de conceber e, comumente, engravidar outra vez e dar à luz um novo filho, muito antes de poder o anterior dispensar os socorros de seus pais e atender, por si próprio, às suas necessidades. Assim, estando um pai obrigado a tomar conta daqueles que gerou e a fazê-lo por muito tempo, ele também se vê na obrigação de continuar a viver na sociedade conjugal com a mesma mulher com quem os teve e de permanecer nessa sociedade por muito mais tempo do que as demais criaturas, entre as quais, podendo os filhotes subsistir por si próprios antes do tempo de uma nova procriação, o vínculo entre o macho e a fêmea se rompe por si mesmo e tanto um quanto o outro se encontram em plena liberdade, até que a estação que costuma solicitar os animais a se juntarem os obrigue a escolher novos companheiros. E não se poderia aqui admirar suficientemente a sabedoria do Criador, que, tendo dado ao homem as qualidades apropriadas para prover tanto ao futuro quanto ao presente, quis e arranjou-se para que a sociedade do homem durasse muito mais do que a do macho e da fêmea entre as outras criaturas, de modo que a indústria do homem e da mulher se encontrasse, com isso, mais estimulada e seus interesses mais unidos, no intuito de reunir provisões para os filhos e deixar-lhes bens, não havendo nada que possa ser mais prejudicial aos filhos do que uma conjunção incerta e vaga ou uma dissolução fácil e frequente da sociedade conjugal". O mesmo amor da verdade que me fez expor sinceramente essa objeção me estimula a acrescer-lhe algumas observações, senão para resolvê-la, ao menos para esclarecê-la.

1. Observarei, primeiramente, que as provas morais não possuem grande força em matéria de física e servem antes para apontar as causas de fatos existentes do que para constatar a existência real desses fatos. Ora, esse é um gênero de prova que o sr. Locke emprega na passagem que acabo de reproduzir, pois, embora possa ser vantajoso à espécie humana que a união do homem e da mulher seja permanente, não se segue que isso tenha sido estabelecido dessa forma pela natureza; de outro modo, seria necessário dizer que ela também instituiu a sociedade civil, as artes, o comércio e tudo o que se pretende ser útil aos homens.

2. Ignoro de onde o sr. Locke tirou que, entre os animais de presa, a sociedade do macho e da fêmea dura mais do que entre os que vivem de ervas e que um ajuda o outro a alimentar os filhotes, pois não se vê o cão, o gato, o urso ou o lobo reconhecerem melhor a fêmea do que o cavalo, o carneiro, o touro, o cervo ou todos os outros animais quadrúpedes reconhecem a sua. Parece, ao contrário, que, se o socorro do macho fosse necessário à fêmea para conservar seus filhotes, ele o seria, sobretudo, entre as espécies que vivem somente de ervas, pois é preciso muito tempo à mãe para pastar e, durante todo esse intervalo, ela é forçada a descuidar de sua ninhada, ao passo que a presa de uma ursa ou de uma loba é devorada em um instante, o que lhe dá mais tempo para, sem passar fome, amamentar os filhotes. Esse raciocínio é confirmado por uma observação sobre o número relativo de mamas e de filhotes que distingue as espécies carniceiras das frugívoras, a que me

referi na nota 8. Se essa observação é justa e geral, tendo a mulher apenas duas mamas e gerando apenas um filho por vez, eis uma forte razão a mais para duvidar de que a espécie humana seja naturalmente carniceira; parece, pois, que para chegar à conclusão de Locke, seria necessário inverter totalmente seu raciocínio. Não há mais solidez na mesma distinção aplicada aos pássaros. Pois quem poderá se persuadir que a união do macho e da fêmea é mais durável entre os abutres e os corvos do que entre as rolas? Temos duas espécies de pássaros domésticos, a pata e o pombo, que nos fornecem exemplos diretamente contrários ao sistema desse autor. O pombo, que vive apenas de grãos, permanece unido à sua fêmea e, juntos, alimentam os filhotes. O pato, cuja voracidade é conhecida, não reconhece nem a fêmea, nem os filhotes, não contribuindo em nada para sua subsistência, e entre as galinhas, espécie de modo algum menos carniceira, não se vê o galo preocupar-se com a ninhada. Se, em outras espécies, o macho divide com a fêmea a tarefa de alimentar os filhotes, é porque os pássaros, que, de início, não sabem voar e cuja mãe não pode aleitar, são muito menos capazes de privar-se da assistência do pai do que os quadrúpedes, a quem basta, ao menos por um tempo, o seio da mãe.

3. Existe muita incerteza sobre o fato principal que serve de base a todo o raciocínio do sr. Locke, pois, para saber, como ele pretende, se no estado puro de natureza, a mulher comumente engravida outra vez e dá à luz um novo filho muito antes de poder o anterior atender, por si próprio, às suas necessidades, seriam essenciais as experiências que o sr. Locke seguramente não fez e que ninguém tem condições de realizar. A coabitação contínua do marido e da mulher constitui uma ocasião tão iminente de expor-se a uma nova gravidez, que é muito difícil acreditar que o encontro fortuito ou o mero impulso do temperamento produza efeitos tão frequentes no estado puro de natureza quanto no da sociedade conjugal; tal

lentidão contribuiria talvez para tornar os filhos mais robustos e poderia, aliás, ser compensada pela faculdade de conceber, prolongada até uma idade mais avançada entre as mulheres que menos tivessem abusado dela durante a juventude. Quanto aos filhos, existem muitas razões para crer que suas forças e seus órgãos se desenvolvem mais tarde entre nós do que o faziam no estado primitivo de que falo. A fraqueza original que devem à condição dos pais, os cuidados tomados ao envolver e embaraçar todos os seus membros, a indolência na qual são criados e talvez o uso de outro leite que não o da mãe contrariaram e retardaram neles os primeiros progressos da natureza. A aplicação a que são obrigados a dar a mil coisas nas quais fixam continuamente a atenção, enquanto não submetem suas forças corporais a nenhum exercício, pode ainda provocar um desvio considerável no crescimento, de modo que se em vez de primeiro sobrecarregar e cansar de mil maneiras o seu espírito, deixassem exercitar o corpo com movimentos contínuos que a natureza parece pedir-lhes, deve-se crer que estariam muito mais cedo em condições de andar, agir e atender, por si mesmos, às suas necessidades.

4. Por fim, o sr. Locke prova, no máximo, que poderia muito bem haver no homem um motivo para permanecer ligado à mulher, quando esta tem um filho, mas não prova, de modo algum, que teve de ligar-se a ela antes do parto e durante os nove meses de gravidez. Se tal mulher é indiferente ao homem durante esses nove meses, tornando-se até mesmo desconhecida para ele, por que iria socorrê-la após o parto? Por que a ajudaria a criar um filho que sequer sabe se lhe pertence e do qual não resolveu nem previu o nascimento? O sr. Locke supõe, evidentemente, aquilo que está em questão, pois não se trata de saber por que o homem permanecerá ligado à mulher depois do parto, mas por que vai se ligar a ela depois da concepção. Satisfeito o apetite, o homem não tem mais necessidade de tal mulher, nem a mulher de tal homem. Este

não tem a menor preocupação e talvez nem mesmo a menor ideia das consequências de sua ação. Um parte por um lado, o outro por outro, e não é provável que, ao cabo de nove meses, tenham lembranças de terem se conhecido, já que essa espécie de lembrança, pela qual um indivíduo dá preferência a outro para o ato da geração, exige, como provo no texto, mais progressos ou mais corrupção no entendimento humano do que se lhe pode supor no estado de animalidade de que se trata aqui. Pode, pois, outra mulher contentar os novos desejos do homem tão comodamente quanto a que já conheceu e outro homem contentar, da mesma forma, a mulher, supondo-se que esteja compelida pelo mesmo apetite durante o estado de gravidez, coisa de que se pode razoavelmente duvidar. Se, no estado de natureza, a mulher não sente mais a paixão do amor depois da concepção da criança, o obstáculo à sua sociedade com o homem se torna ainda muito maior, pois não encontra então mais necessidade nem do homem que a fecundou, nem de qualquer outro. Não há, portanto, no homem, nenhuma razão para procurar a mesma mulher, nem na mulher qualquer razão para procurar o mesmo homem. O raciocínio de Locke cai em ruínas e toda a dialética desse filósofo não o livrou do erro que Hobbes e outros cometeram. Tinham de explicar um fato do estado de natureza, isto é, de um estado em que os homens vivem isolados e onde um homem não encontra motivo algum para permanecer ao lado de outro, nem talvez os homens para permanecerem uns ao lado dos outros, o que é bem pior, e não pensaram em se transportar para além dos séculos de sociedade, isto é, desses tempos em que os homens encontram sempre uma razão para permanecerem uns perto dos outros e onde um homem frequentemente encontra uma razão para permanecer ao lado de outro homem ou outra mulher.

(13) Abster-me-ei de me arriscar nas reflexões filosóficas que se deveriam fazer sobre as vantagens e os inconvenientes

da instituição das línguas; não é a mim que se permite atacar os erros vulgares, e o povo letrado respeita demais os próprios preconceitos para suportar pacientemente os meus pretensos paradoxos. Logo, deixemos falar as pessoas a quem não se imputou um crime por ousarem tomar, por vezes, o partido da razão contra a opinião da multidão. *Nec quidquam felicitati humani generis decederet, si, pulsa tot linguarum peste et confusione, unam artem callerent mortales, et signis, motibus, gestibusque, licitum foret quidvis explicare. Nunc vero ita comparatum est, ut animalium quae vulgo bruta creduntur melior longe quam nostra hac in parte videatur conditio, utpote quae promptius, et forsan felicius, sensus et cogitationes suas sine interprete significent, quam ulli queant mortales, praesertim si peregrino utantur sermone*[94] (Is. VOSSIUS, de Poemat. Cant. et Viribus Rhythmi, p. 66).

(14) Mostrando o quanto as ideias da quantidade discreta e de suas relações são necessárias nas menores artes, Platão zomba, com razão, dos autores de seu tempo, que pretendiam que Palamedes tivesse inventado os números no cerco de Troia, como se Agamenon tivesse podido ignorar até então quantas pernas possuía.[95] Percebe-se, com efeito, a impossibilidade de que a sociedade e as artes tivessem chegado ao ponto em que já estavam quando do cerco de Troia, sem que os homens fizessem uso dos números e do cálculo, mas a necessidade de

---

94. "Não ficaria o gênero humano menos feliz, caso os mortais, afastando o flagelo e a confusão de numerosas línguas, dominassem uma única forma de falar e fosse permitido a qualquer um explicar-se por meio de sinais, movimentos e gestos. Aliás, tendo-se verdadeiramente feito a comparação, os animais, aos quais geralmente se atribui uma condição bruta, parecem ter, a esse respeito, uma muito melhor do que a nossa, visto que expressam suas sensações e seus pensamentos, sem intérpretes, com maior rapidez e talvez com maior felicidade do que nenhum mortal poderia fazê-lo, especialmente quando obrigado a empregar língua estrangeira" (VOSSIUS. *De poematum cantu et viribus rhythmi*, 1673). (N.T.)

95. Cf. PLATÃO. *A República*, livro VII. (N.T.)

conhecer os números antes de adquirir outros conhecimentos não torna a sua invenção mais fácil de imaginar. Uma vez conhecidos os nomes dos números, é fácil explicar o seu sentido e estimular as ideias que esses nomes representam, mas, para inventá-los, foi necessário, antes de conceber essas mesmas ideias, familiarizar-se, por assim dizer, com as meditações filosóficas e exercitar-se em considerar os seres unicamente por sua essência e independentemente de qualquer outra percepção; trata-se de abstração muito penosa, muito metafísica, muito pouco natural e, sem a qual, entretanto, jamais teriam podido essas ideias se transportar de uma esfera ou de um gênero para outro, nem os números se tornarem universais. Um selvagem podia considerar separadamente a sua perna direita e a sua perna esquerda, ou olhá-las em conjunto, sob a ideia indivisível de um par, sem jamais imaginar que tinha duas delas, pois uma coisa é a ideia representativa que nos retrata um objeto, outra é a numérica, que o determina. Podia ainda menos contar até cinco e, embora, ao colocar as mãos uma sobre a outra, tivesse podido observar que os dedos se correspondiam exatamente, estaria muito longe de conceber a sua igualdade numérica; não conhecia mais o número de seus dedos do que o de seus cabelos e se, após tê-lo feito compreender o que são os números, alguém lhe tivesse dito que tinha tantos dedos nos pés quanto nas mãos, talvez tivesse ficado muito surpreso ao constatar, após compará-los, que era verdade.

(15) Não se deve confundir o amor-próprio e o amor de si mesmo, pois são duas paixões muito diferentes, por sua natureza e por seus efeitos. O amor de si mesmo é um sentimento natural que conduz todo animal a velar pela própria conservação e que, dirigido no homem pela razão e modificado pela piedade, produz a humanidade e a virtude. O amor-próprio é apenas um sentimento relativo, factício e nascido na sociedade, que leva cada indivíduo a fazer mais caso de si mesmo do que de qualquer outro, que inspira nos homens todos os males que se fazem mutuamente e que é a verdadeira fonte da honra.

Uma vez isso bem entendido, digo que no nosso estado primitivo, no verdadeiro estado de natureza, o amor-próprio não existe, pois, vendo cada homem em particular a si próprio como o único espectador a observá-lo, como o único ser no universo a interessar-se por ele, como o único juiz de seu próprio mérito, não é possível que um sentimento que busca sua fonte em comparações que não está ao seu alcance fazer possa germinar na sua alma; pela mesma razão, esse homem não poderia ter nem ódio nem desejo de vingança, paixões que só podem nascer da opinião de alguma ofensa recebida e, como é o desprezo ou a intenção de prejudicar, e não o mal, que constitui a ofensa, homens que não sabem nem apreciar-se nem comparar-se podem cometer muitas violências mútuas, quando extraem delas alguma vantagem, sem jamais se ofenderem mutuamente. Em uma palavra, cada homem, vendo seus semelhantes tão somente como veria animais de outra espécie, pode tomar a presa do mais fraco ou ceder a sua ao mais forte, sem encarar tais rapinas senão como eventos naturais, sem o menor movimento de insolência ou de despeito, e sem outra paixão além da dor ou da alegria de um bom ou mau êxito.

(16) É extremamente notável que, após tantos anos a atormentarem-se, os europeus, para conduzir os selvagens de diversas regiões do mundo ao seu modo de viver, não tenham sequer conseguido ganhar um único, nem mesmo por meio do cristianismo, pois nossos missionários, por vezes, fazem deles cristãos, mas nunca homens civilizados. Nada pode superar a invencível repugnância que sentem em adquirir nossos costumes e viver de nosso modo. Se esses pobres selvagens são tão infelizes quanto se pretende, por que inconcebível depravação de julgamento se recusam constantemente a policiar-se à nossa semelhança ou a aprender a viver felizes entre nós, enquanto se lê, em mil lugares, que franceses e outros europeus se refugiaram voluntariamente entre essas nações, passaram nelas toda a sua vida, sem jamais conseguir deixar um modo de viver tão estranho, e que se veem até mesmo missionários sensatos

sentir falta, com ternura, dos dias calmos e inocentes que passaram entre esses povos tão desprezados? Caso se pretenda não possuírem luzes suficientes para apreciar judiciosamente o seu estado e o nosso, replicarei que a avaliação da felicidade é menos uma questão de razão do que de sentimento. Essa resposta pode, aliás, voltar-se contra nós com mais força ainda, pois existe maior distância entre as nossas ideias e a disposição de espírito em que se deveria estar para compreender o gosto que têm os selvagens por seu modo de viver, do que entre as ideias dos selvagens e as que podem fazê-los compreender o nosso. Com efeito, após algumas observações, torna-se-lhes fácil ver que todos os nossos trabalhos se dirigem a dois únicos objetos, a saber, as comodidades da vida para si e a estima entre os outros. Mas qual é, para nós, o meio de imaginar a espécie de prazer que sente um selvagem em passar a vida sozinho, em meio aos bosques, ou na pesca, ou ainda a soprar uma flauta ruim, sem jamais saber extrair um tom sequer e sem se preocupar em aprender?

Trouxeram-se, por diversas vezes, selvagens a Paris, a Londres e a outras cidades; esforçaram-se em mostrar-lhes o luxo, as riquezas e todas as artes mais úteis e curiosas; tudo isso jamais estimulou neles senão uma admiração estúpida, sem o menor movimento de cobiça. Lembro-me, entre outras, da história de um chefe de alguns americanos setentrionais, levado, há cerca de trinta anos, à corte da Inglaterra; passaram mil coisas diante de seus olhos, para tentar dar-lhe algum presente que pudesse agradá-lo, sem nada encontrar que parecesse interessá-lo. Nossas armas lhe pareciam pesadas e incômodas, nossos sapatos lhe feriam os pés, nossas roupas o incomodavam: ele repelia tudo. Percebeu-se, finalmente, que, ao pegar uma coberta de lã, parecia sentir prazer em envolver os ombros com ela. "Concordareis", foi-lhe dito imediatamente, "quanto à utilidade desse móvel?". "Sim", respondeu ele, "isso me parece quase tão bom quanto a pele de um animal". Ele sequer teria dito isso se tivesse levado uma e outra à chuva.

Dir-me-ão talvez que é o hábito que, vinculando cada qual ao seu modo de viver, impede os selvagens de perceberem o que há de bom no nosso e, sendo assim, deve, ao menos, parecer muito extraordinário que o hábito tenha mais força para manter os selvagens no gosto de sua miséria do que os europeus no gozo de sua felicidade. Mas, para dar a essa última objeção uma resposta à qual não haja uma palavra que replicar, sem mencionar todos os jovens selvagens que se procurou inutilmente civilizar, sem falar dos groenlandeses e dos habitantes da Islândia, que se tentou criar e alimentar na Dinamarca e que a tristeza e o desespero fizeram com que morressem todos, seja de languidez, seja no mar, por onde tinham tentado retornar ao seu país a nado, contentar-me-ei em citar um exemplo bem atestado e que submeto ao exame dos admiradores da polícia europeia:

"Todos os esforços dos missionários holandeses do Cabo da Boa Esperança jamais foram capazes de converter um único hotentote. Van der Steel, governador do Cabo, tendo tomado um deles desde a infância, mandou criá-lo segundo os princípios da religião cristã e a prática dos usos da Europa. Foi ricamente vestido, ensinaram-lhe várias línguas e seus progressos corresponderam muito bem aos cuidados tomados para a sua educação. O governador, esperando muito de seu espírito, enviou-o para as Índias com um comissário-geral, que o empregou utilmente nos negócios da companhia. Retornou ao Cabo depois da morte do comissário. Poucos dias após seu retorno, em uma visita que fez a alguns hotentotes parentes seus, tomou a decisão de despojar-se de sua vestimenta europeia, para vestir uma pele de ovelha. Retornou ao forte com esse novo adorno, munido de um pacote contendo suas antigas roupas; ao apresentá-las ao governador, fez-lhe o seguinte discurso: 'Tende bondade, senhor, de notar que renuncio para sempre a este aparato; renuncio também, para toda a minha vida, à religião cristã; minha resolução é viver e morrer de acordo com a religião, as maneiras e os usos de meus ancestrais.

A única graça que vos peço é deixar-me o colar e o cutelo que carrego; guardá-los-ei por amor a vós'. Imediatamente, sem esperar a resposta de Van der Steel, fugiu e jamais voltou a ser visto no Cabo" (*História das viagens*, tomo 5, p. 175).

(17) Poderiam objetar-me que, em tal desordem, os homens, em vez de degolarem-se obstinadamente uns aos outros, ter-se-iam dispersado, caso não tivesse havido limites à sua dispersão. Contudo, em primeiro lugar, esses limites teriam sido, ao menos, os do mundo e, pensando na excessiva população que resulta do estado de natureza, julgar-se-á que a terra não teria, nesse estado, tardado a se ver coberta de homens forçados, dessa forma, a manter-se unidos. Teriam, aliás, se dispersado, caso o mal tivesse sido rápido e a mudança tivesse ocorrido da noite para o dia, mas nasciam sob o jugo, estavam acostumados a suportá-lo quando sentiam o seu peso e contentavam-se em aguardar a ocasião de sacudi-lo. Enfim, por já estarem habituados a mil comodidades que os forçavam a manter-se unidos, a dispersão já não era tão fácil quanto nos primeiros tempos, onde não precisando de ninguém além de si mesmo, cada um tomava seu partido, sem esperar o consentimento do outro.

(18) O marechal de Villars contava que, em uma de suas campanhas, por terem as excessivas patifarias de um fornecedor de víveres feito com que o exército sofresse e se queixasse, ele o repreendeu vigorosamente e ameaçou mandar enforcá-lo. "Essa ameaça não me diz respeito, respondeu-lhe descaradamente o patife, e fico muito satisfeito em vos dizer que não se enforca um homem que dispõe de cem mil escudos". Não sei como isso aconteceu, acrescentava ingenuamente o marechal, mas, com efeito, ele não foi enforcado, embora tivesse merecido sê-lo cem vezes.

(19) A justiça distributiva se oporia até mesmo a essa igualdade rigorosa do estado de natureza, fosse ela praticável na sociedade civil, e, como todos os membros do Estado lhe devem serviços proporcionais aos seus talentos e às suas forças, os cidadãos devem, por sua vez, ser distinguidos e favorecidos na proporção de seus serviços. É nesse sentido que se deve compreender uma passagem de Isócrates[96], na qual ele louva os primeiros atenienses, por terem sabido distinguir bem qual era a mais vantajosa das duas espécies de igualdade, das quais uma consiste em distribuir as mesmas vantagens a todos os cidadãos indiferentemente, e a outra em distribui-las segundo o mérito de cada um. Esses políticos hábeis, acrescenta o orador, banindo essa injusta igualdade que não estabelece nenhuma diferença entre os maus e as pessoas de bem, vincularam-se inviolavelmente àquela que recompensa e pune cada um segundo o seu mérito. Mas, em primeiro lugar, nunca houve uma sociedade, seja qual for o grau de corrupção que pudesse ter atingido, na qual não se fizesse diferença alguma entre os maus e as pessoas de bem e, em matéria de costumes, não podendo a lei estabelecer uma medida exata o bastante para servir de regra ao magistrado, para não deixar a sorte ou a posição dos cidadãos à sua discrição, ela lhe proíbe, muito sabiamente, o julgamento das pessoas, para deixar-lhe apenas o das ações. Somente costumes tão puros quanto os dos antigos romanos podem suportar censores, e tribunais semelhantes logo teriam abalado tudo entre nós. Cabe à estima pública estabelecer a diferença entre os maus e as pessoas de bem. O magistrado somente é juiz do direito rigoroso, mas o povo é o verdadeiro juiz dos costumes, juiz íntegro e até mesmo esclarecido sobre esse ponto, de quem se abusa por vezes, mas a quem jamais se corrompe. As posições dos cidadãos devem, assim, ser reguladas, não com base no mérito pessoal, o que seria deixar aos magistrados o meio de fazer uma aplicação quase arbitrária da lei, mas nos serviços reais que prestam ao Estado e que são suscetíveis de uma avaliação mais exata.

---

96. Cf. ISÓCRATES, *Areopagítica*. (N.T.)

Este livro foi impresso pela Paym
em fonte Bembo sobre papel Lux Cream 80 g/m²
para a Edipro no outono de 2017.